RETAP
UNBESTECHLICHLAUT

Zahide Özkan-Rashed

Hab keine Angst

Erinnerungen

RETAP
UNBESTECHLICHLAUT

Erweiterte Neuausgabe

Erstausgabe 2014

Kontakt: post@zahide-oezkan-rashed.de

Umschlaggestaltung: Büro Wadenpohl, Monheim am Rhein
Titelfoto: joseasreyes / 123RF Stock Photo
Autorenfoto: Fotostudio Caleb Ridgeway, Frankfurt am Main

Lektorat und Satz: Matthias Kunstmann, Karlsruhe
Lektorat der Erstausgabe: Ursula Debus, Hamburg
Druck: CPI books, Leck

verwaltung@retap-verlag.de
www.retap-verlag.de

ISBN: 978-3-931988-32-6

Meinen Eltern gewidmet

Inhalt

Vorwort

In den lauten Diskussionen und den steilen Thesen in den Medien zur Frage, ob Deutschland nun ein Einwanderungsland sei oder nicht, geht etwas Wichtiges oft unter: was der Einzelne dabei denkt und fühlt; wie diese Debatten das Zusammenleben von Menschen verschiedener Kulturen beeinflussen; wie verschiedene Nationen überhaupt einander im Alltag begegnen, wie sie miteinander lachen und wie sie streiten; welche kleinen und großen Siege und Niederlagen das Leben in der von Vielfalt geprägten Gemeinschaft mit sich bringt. Eine solche „Nahaufnahme“ soll das vorliegende Buch sein – und damit etwas zu einem harmonischen und konstruktiven Miteinander beitragen.

Die Hauptfigur meines Buches habe ich Feride genannt. Feride vereint in sich vieles von mir, doch stellt sie kein Eins-zueins-Abbild von mir dar. Nicht nur Namen, auch andere persönliche Daten sind absichtlich verfremdet. Damit möchte ich eine Schutzfolie über die verletzlichen Anteile der Hauptfigur und der anderen erwähnten Personen spannen.

Das Buch ist ein Rückblick auf die ersten 27 Lebensjahre. Die Jahre danach waren besonders durch Familie und Beruf bestimmt und damit durch andere Zielsetzungen und Anforderungen. In der letzten Zeit haben weltpolitische Ereignisse die Gesellschaft auf kaum geahnte Art herausgefordert. Zudem haben Veränderungen in meinem Leben mich vor Grundsatzfragen gestellt und mich veranlasst, Automatismen im Denken und Handeln zu hinterfragen, dabei auch alltägliche Umstände und Abläufe auf ihren Sinn zu prüfen. Vielleicht kann ich diese Gedanken meinen Leserinnen und Lesern später einmal literarisch mitteilen.

Mit meinem Buch möchte ich Menschen ansprechen, die sich für die Begegnung von Menschen verschiedener Nationen und Kulturen und alles, was damit zusammenhängt, interessieren. Das Wertvolle der menschlichen Vielfalt steht dabei im Zentrum meines Interesses – bei allen Konflikten, die das Zusammenleben oft mit sich bringt.

Das Phänomen der Migration betrifft nahezu alle Länder dieser Welt, es ist ein globales Thema. Die äußeren Manifestationsformen mögen differieren, doch die in den einzelnen Menschen in Gang gesetzten Mechanismen haben gemeinsame, „ur-menschliche“ Züge. Das, was uns über alle Grenzen hinweg verbindet – darum geht es in diesem Buch.

Zahide Özkan-Rashed

TEIL I

Kindheit und Jugend

Keine Angst

Sie können es kaum abwarten, Feride und ihre Schwester Fatma. Schon eine Weile spielen sie im Hinterhof des Mehrfamilienhauses im hessischen Mörfelden, in dem sie in einer kleinen Wohnung leben. Ihr neugeborener kleiner Bruder und ihre Mutter würden jeden Moment mit ihrem Vater, der die beiden vom Krankenhaus abholen gefahren ist, auftauchen. Ferides Herz klopft wie eine Trommel, ihre Beine tanzen dazu. Sie kann nicht ruhig auf einer Stelle stehen. Sie muss hüpfen, rennen von einer Ecke zur anderen und sie muss lachen, überwältigt von Neugier und Freude. Wie sieht er wohl aus, der erste Junge nach zwei Mädchen?

Jeder Lärm eines einfahrenden Autos lässt sie aufschrecken. Doch endlich, da kommt der weiße Opel, und die Beifahrertür geht auf. Feride und Fatma laufen hin, um das Baby zu sehen. Ganz aufgeregt stellt sich Feride ihm vor, als es plötzlich anfängt zu schreien. „Korkma, ben Alman değilim“, sagt sie spontan auf Türkisch. „Hab keine Angst, ich bin nicht deutsch!“ Das sind die Worte, mit denen sie ihn zu beruhigen versucht.

Vier Jahre ist sie alt, ihre Schwester sechs.

Dörfliches Leben am Marmarameer

Ferides Eltern, Ali und Gülüzar Kaya, stammten beide aus ärmlichen Verhältnissen. Sie kamen aus Akdere, einem kleinen Dorf am Marmarameer. Damals machte das bergige Ackerland den größeren Teil des Dorfes aus. Hier in Akdere erblickte Feride als zweites Kind der Familie das Licht der Welt. Es war eine Hausgeburt, zu der eine Hebamme gerufen wurde, wie damals üblich. Sie soll ein stilles Kind gewesen sein im Gegensatz zu ihrer Schwester Fatma, deren lebhaftes Temperament für Hektik und Aufregung gesorgt habe.

Als Beispiel wird gerne erzählt, wie Feride als Säugling aus ihrer Wiege gefallen sei und keinen Pieps von sich gegeben habe. Diese selbst konstruierten Babyschaukeln wurden genutzt, um Säuglinge in den Schlaf zu wiegen. Es war eine aus einem Kartoffelsack oder anderem festen Stoff zwischen zwei Seilen zusammengelegte und an zwei gegenüberliegenden Wänden über dem Boden befestigte Wiege, die durch Zug an einer daran hängenden Schnur hin und her bewegt wurde. Als eines Tages Gülüzar von ihrer Feldarbeit erschöpft zurückkam, wurde sie von der jungen Babysitterin Samiye – tränenüberströmt und völlig verzweifelt – mit den Worten empfangen: „Seit einer Stunde suche ich Feride und kann sie nicht finden!" Doch Gülüzar wusste sofort, was passiert war – Feride lag auf dem Boden unter dem großen, dicken Stoff der Wiege, der sie bedeckt hatte. Sie war nach damaliger Sitte wie eine Mumie, Beine und Arme fest am Körper anliegend, in ein Tuch gewickelt. Viel bewegen konnte sie sich in diesem Steckkissen nicht, und sie schien wieder eingeschlafen zu sein. Gülüzar nahm sie erleichtert in ihre Arme.

Ferides Vater war mit großen Sorgen aufgewachsen. Seine Mutter war früh an Tuberkulose gestorben. Sein Vater war mit der Aufgabe, eine fünfköpfige Familie allein zu versorgen, überfordert. Deshalb wurde dem Ältesten eine große Last aufgebürdet. Ali konnte nur die Grundschule besuchen. So gerne wäre er weiter auf die Schule gegangen. Aber es war kein Geld da.

Der Standort der Grundschule wechselte mit der Teilumsiedlung des Dorfes nach unten an die Küste und war für viele schwer zu erreichen. Gerade bei Mädchen, die man „keinen Gefahren aussetzen“ wollte, war man deshalb geneigt, sie nur kurz oder gar nicht in die Schule zu schicken. Sanktionen mussten die Eltern der Mädchen dabei nicht fürchten. Denn damals in den Vierzigerjahren gab es zwar eine fünfjährige allgemeine Schulpflicht, doch keine funktionierende behördliche Kontrolle, erst recht nicht in einem kleinen Dorf wie Akdere. Wozu sollten denn auch Mädchen lesen und schreiben lernen? Sie würden und sollten doch sowieso heiraten. Um sich für ihre Rolle als Frau und Mutter zu wappnen, war es wichtig für sie, die Aussteuer vorzubereiten, im Haushalt zu helfen, kochen zu lernen, und für viele natürlich auch, auf den Feldern mitzuarbeiten. So erging es auch Gülüzar – die Grundschule besuchte sie nie, und Fertigkeiten wie Lesen und Schreiben blieben ihr dadurch erst einmal verwehrt.

Deshalb hatte Ferides Mutter Gülüzar später als erwachsene Frau ein Problem, als ihr Ehemann nach Deutschland ging und sie mit ihm nicht kommunizieren konnte. Denn die einzige Möglichkeit des Kontaktes stellte damals der Postweg dar. In ihrer Not brachte sie sich größtenteils selbst Lesen und Schreiben bei – und zwar ohne nennenswerte Hilfe von außen. Durch ihre beiden Brüder, die als Jungen und spätere Familienoberhäupter in die Schule geschickt worden waren, hatte sie eine gewisse Vorstellung vom Alphabet bekommen. Das war die Grundlage für später, wenn sie in den Briefen die Druckbuchstaben aneinanderreihte.

Anfangs musste sie in Akdere jemanden finden, der ihr vorlas. Dieses Vorlesen war ihr höchst unangenehm. Immerhin war es ihre Privat- und Intimsphäre, in der sie ganz und gar nicht – nicht einmal in der Phantasie der anderen – gesehen werden wollte. Ali war schon vorsichtig mit der Wahl seiner Worte, denn er wusste, dass in ihrer Korrespondenz keine ungestörte Zweisamkeit gewährleistet war. Trotzdem war es ihr peinlich, allein schon die Anrede „Sevgili Karıcığım“ („Meine liebe Frau“) von jemand anderem vorgelesen zu bekommen, so scheu, wie sie erzogen war. Im Dorf hätten Mann und Frau in der Öffentlichkeit nie auch nur die kleinsten Zärtlichkeiten ausgetauscht. Gülüzar hatte Ali nicht einmal richtig in die Augen gesehen, bevor sie ihn heiratete. Sie lief weg, wenn er versuchte, in ihre Nähe zu kommen, auch wenn er nur mit ihr reden wollte. Man durfte die beiden vor der Verehelichung nicht zusammen sehen

– so waren die klaren Regeln des Dorfes. Diese Tabus waren für sie unumstößlich.

Eine lesekundige Freundin, und Ali selbst während seiner Besuche aus Deutschland, waren Ansprechpartner, wenn sie bei ihren Lesebemühungen in der Türkei Hilfe brauchte. Letztendlich war es aber ihr Verdienst, dass sie es über das Lesen hinaus schaffte, sich auch das Schreiben beizubringen. Ihr starker Wille sorgte dabei für die Ausdauer, die sie benötigte. Bald konnte sie kurze Texte selbstständig zu Papier bringen. Davon profitierte sie später noch sehr, als sie nach Deutschland nachzog.

Deutsche Erde wird betreten

Im Sommer 1964 holte der Vater die Familie nach. Ali selbst war 1962, als Feride ein halbes Jahr alt war, auf Anwerbung einer deutschen Firma als „Gastarbeiter“ nach Deutschland gekommen.

Eigentlich war es gar nicht geplant gewesen, die Familie nachkommen zu lassen. Ursprünglich wollte Ali nur kurze Zeit in Deutschland bleiben – gerade lang genug, um für sich und seine Familie in der Türkei eine Existenz aufbauen zu können. Aber nun wurde doch noch ein bisschen mehr Geld benötigt. Als Schweißer hatte Ali sich ganz gut gemacht, nachdem er erstmals in seiner Heimat Grundfähigkeiten in diesem Metier erworben hatte und diese in Deutschland erweitern konnte. Er galt als fleißig und fähig. Arbeit gab es für ihn, und die scheute er nicht. So wurde der Zeitpunkt der Rückkehr noch um ein oder zwei weitere Jahre hinausgeschoben, zunächst bis das Fundament für das eigene Haus in dem kleinen idyllischen Dorf am Marmarameer stand und die Finanzierung des Projekts einigermaßen gesichert war.

„Wir bleiben nur noch bis ...“ – das sollte für längere Zeit ein wichtiger Satz in Ferides Familie bleiben. Es war immer eine fixe Zeitspanne von ein bis zwei Jahren, die sich mit der gelebten Zeit in die Zukunft mitbewegte. Aber es war durchaus ernst damit gemeint. Die Absicht, in das Land der Herkunft zurückzugehen, war für die ganze Familie unantastbar.

Der Gedanke an die Rückkehr stand dabei gleichzeitig für die Verwirklichung eines Traumes: des Traumes, in einer heimischen Umgebung, in der Anerkennung und Respekt der anderen durch den erarbeiteten „Fortschritt“ quasi garantiert waren, ein besseres Leben zu führen.

Selim

Im Herbst 1966 wurde Ferides Bruder Selim geboren. Selim war ein richtig süßes Kind. Feride liebte es, ihn zu knuddeln, den Duft seiner zarten Haare zu riechen und mit ihm in der Babysprache zu sprechen. Als große Schwester machte es ihr sogar Spaß, ihm die Windeln zu wechseln. Das durfte sie manchmal und war ganz stolz, wenn die Mutter ihr nur mit wenigen Handgriffen helfen musste.

Mit neun Monaten wurde Selim in die Türkei zu Tante Hidayet geschickt – da war Feride fünf Jahre alt. Sie vermisste ihren kleinen Bruder sehr. Ihre Mutter erklärte ihr: „Selim hat es gut bei Tante Hidayet. Weil sie auf ihn aufpasst, kann ich auch arbeiten gehen. Zusammen verdienen wir mehr Geld und können uns ein Haus bauen lassen, damit wir wieder in die Türkei zurückgehen." – „Und was passiert mit uns, müssen wir später auch weg, damit du arbeiten kannst?" fragte Feride voller Angst. „Ihr seid schon groß genug, dass ihr ein paar Stunden alleine sein könnt", antwortete Gülüzar mit Tränen in den Augen.

Feride dachte sich, dass es ja nur für kurze Zeit war, von Selim getrennt zu sein. Dafür mussten sie brav sein, damit die Mutter dem Vater beim Geldverdienen helfen und das Haus schneller fertig werden konnte.

Die Trennung von Selim war für alle schwer, am meisten für Gülüzar. Anfangs weinte sie fast pausenlos. Später nicht mehr jeden Tag, aber oft genug. Wenn von Selim gesprochen wurde, flossen immer Tränen. Oft weinten sie dann alle zusammen.

An die „Übergabe" selbst kann sich Feride nicht erinnern. Sie weiß aber, dass man sich von Selim wegschlich. Damit wollten sie Selim, der ja noch kein Jahr alt war und es sowieso nicht verstanden hätte, und sich selbst den Schmerz des Abschiedsaktes ersparen. Später, als er sprechen lernte, sagte man ihm, dass seine Eltern bald wiederkommen würden.

Der kleine Selim blieb drei Jahre in der Türkei. Diese drei Jahre waren eine sehr harte Zeit für Ferides Eltern. Ihr Gewissen plagte sie bis zum Äußersten. Sie hatten ihr eigen Fleisch und

Blut in die Obhut anderer gegeben. Sicher, die Tante und die Oma würden sich liebevoll um ihn kümmern. Und zwei Onkel hatte er in der Türkei auch. Ja, er war nicht bei Fremden, und sie wussten, ihr Sohn war gut aufgehoben. Aber trotzdem war es ihr eigenes Kind, ein hilfloses Wesen, das sich selbst noch gar nicht als einzelne Person, sondern nur in Verbindung mit seinen Eltern wahrnahm. Er verstand nicht, was mit ihm geschah. Und sie konnten es ihm nicht erklären. Nur für sich konnten sie ihre Tat vor ihm entschuldigen. Diese schmerzliche Entscheidung war geleitet von ihrem Bestreben, für die Familie und somit auch für ihn eine bessere Zukunft vorzubereiten.

Wenn Feride an diese Zeit denkt, erscheinen traurige Bilder vor ihren Augen. Ihren Eltern ging es sehr nahe, dass ihr Sohn sie bei der ersten Begegnung in der Türkei als Fremde wahrnahm und Abstand zu ihnen hielt. Er sprach sie mit „Onkel" und „Tante" an. Und noch schmerzhafter war für beide Parteien der Abschied! Kaum hatte sich das Kind an sie gewöhnt, schon mussten sie sich wieder voneinander trennen. Da war das Spielzeugauto, das „der Onkel aus Deutschland" mitgebracht hatte, nur ein schwacher Trost.

Auch wenn sie ihn sehr vermisste, war Feride etwas eifersüchtig auf ihren kleinen Bruder, wenn die Familie im Urlaub für kurze Zeit mit Selim vereint war. Denn das kleine niedliche Geschwisterchen, das noch dazu das Privileg genoss, ein Junge zu sein, stand in dieser Zeit im Mittelpunkt. Auf der anderen Seite mussten Fatma und sie sich nicht von ihren Eltern trennen. Denn Feride und Fatma waren schon sechs bzw. acht Jahre alt und konnten nach der Schule einige Stunden ohne Aufsicht zu Hause bleiben.

Gülüzar fing ziemlich bald zu arbeiten an. Es war zunächst eine Fabrik, in der sie am Fließband eingesetzt war – ein eintöniger und harter Job. Gülüzar kam jeden Tag erschöpft von der Arbeit. Und wenn sie nach Hause kam, konnte sie sich keine Ruhe gönnen. Sie war dann oft ungeduldig mit Feride und Fatma. Die Wohnung musste aufgeräumt werden, es musste noch Essen auf den Tisch, und die Wäsche galt es auch noch mit der Hand zu waschen. Oft kochte sie vor, so dass nur noch Kleinigkeiten zu ergänzen waren. Ali kam später als sie von der Arbeit zurück und half im Haushalt mit, doch blieb die Hauptarbeit bei ihr.

Später fand Gülüzar eine Arbeit als Reinemachefrau in einem renommierten Unternehmen. Im Vergleich zu ihrem vorherigen Job war das eine Verbesserung, und Gülüzar war froh darüber. Immerhin hatte sie nun einen gewissen Spielraum bei der Ausführung der Aufgaben, die ihr zugeteilt wurden, sie wurde respektvoll behandelt, und man lobte ihren Fleiß und ihre Gründlichkeit.

Das Haus in Akdere – Früchte der Gastarbeit

Gülüzars Gehalt war tatsächlich eine Hilfe bei der Umsetzung der Pläne. An erster Stelle stand der Bau eines eigenen Hauses in Akdere. Damit möglichst viel Geld in das Projekt fließen konnte, wurde gespart, wo es ging. Man vermied es, auswärts essen zu gehen. Viele und teure Klamotten zu kaufen, kam nicht in Frage. Gebrauchsgegenstände, etwa Möbel, hatten in erster Linie ihren Zweck zu erfüllen. Ab und zu ein Kinobesuch – denn es wurden in Offenbach türkische Filme ausgestrahlt –, das war okay. Kostenträchtige Wünsche und Sehnsüchte konnte man sich für die Türkei aufheben. Das Leid, das Selims Fehlen verursachte, sollte nicht umsonst sein. Es musste mit einem Vielfachen an Vorteilen für die Familie kompensiert werden.

Selim war etwa zwei Jahre alt, als die Erde für das Fundament des Hauses in Akdere ausgehoben wurde. Seit über einem Jahr lebte er nun dort bei Onkel und Tante. Ein Schwarz-Weiß-Foto zeigt ihn, wie er auf der Grundmauer des Fundaments steht. Seiner Kleidung nach ist es Winter. Denn er trägt einen dicken Pullover sowie Schal und Mütze. Selim scheint die Situation nicht zu gefallen – er schaut ängstlich in die Kamera und sein Gesicht ist tränenüberströmt.

Es dauerte noch einige Zeit, bis das Haus bezugsfähig war. Den Einzug in das fertiggestellte Erdgeschoss verwirklichte die Familie Anfang der 70er-Jahre in einem ihrer Sommerurlaube.

Die anderen Stockwerke wurden peu à peu erbaut, je nachdem, wie die Finanzlage es zuließ, denn Selim war nach drei Jahren wieder zurück in Deutschland und die Mutter musste ihre Arbeitszeiten reduzieren.

Wenn Feride an die Zeit zurückdenkt, kommt ihr vor Augen, wie aufgeregt und glücklich sie war, dass ihre Familie jetzt etwas Eigenes hatte, was sie selbst gestalten und worüber sie frei verfügen konnte. Die Räumlichkeiten ließen sogar eine gewisse Rückzugsmöglichkeit für jedes Mitglied zu. Sensationell war für die Dorfbewohner das eingebaute „alafranga"-WC, die Sitztoilette, wie Feride und ihre Familie sie schon von Deutschland gewohnt waren. Diese stand nun neben der im Dorf üblichen „alaturka“-Variante, der Hocktoilette, zur Auswahl.

Endlich wurde man nicht mehr von dem Gefühl geplagt, den Verwandten im Urlaub sechs Wochen lang zur Last zu fallen. Zwar äußerten sie nie Unmut, doch konnte man sich vorstellen, dass sie sich zugunsten ihrer Gäste nicht nur räumlich einschränken mussten. Bei den Einkäufen und im Haushalt halfen diese selbstverständlich mit, und keine Frage, man erlebte schöne Momente miteinander. Dennoch galt es, für eine sechswöchige Zeitspanne den Alltag auf die Anwesenheit von fünf weiteren Personen abzustimmen. Ferides Cousinen genossen die gemeinsame Zeit voll und ganz, aber die Zuwendung ihrer Tante war nicht immer von glaubhaftem Wohlwollen bestimmt.

Die Früchte der Disziplin und der sparsamen Lebensweise in Deutschland waren mit dem erbauten Eigenheim in der Heimat sicht- und erlebbar geworden. Und das tat gut. Es bestätigte den Kurs, der auf die Türkei ausgerichtet war. Für finanzielle Wagnisse auf deutschem Terrain war nicht nur kein Geld, sondern zum damaligen Zeitpunkt auch kein Gedanke übrig.

Offenbach, die neue Heimat

Die meisten Jahre in Deutschland verbrachte die Familie in Offenbach. Hier wurden die Kinder eingeschult, und zwar ohne vorher mit der deutschen Sprache vertraut gemacht worden zu sein. Einen Kindergarten besuchten Feride und Fatma nicht. Ihre Eltern wussten nicht, dass es so etwas gab. In den Sechzigerjahren gab es in Westdeutschland noch nicht so viele Kindergärten – und Mütter, die ihre Kinder dorthin schickten, galten oft noch als Rabenmütter. Doch von diesen Diskussionen wussten Gülüzar und Ali nichts. Denn sie konnten selbst nur einige Brocken Deutsch; gerade so viel, dass sie sich am Arbeitsplatz und beim Einkaufen zurechtfanden. Privaten Kontakt zu Deutschen hatten sie nicht. Um sie herum waren genug andere Türken. Und bald wurden es immer mehr, denn sie holten Verwandte und Freunde nach. Arbeit war in Deutschland genug da, und Arbeitskräfte aus dem Ausland wurden gebraucht.

In Offenbach hatte sich eine türkische Gemeinde gebildet, die regen sozialen Kontakt untereinander pflegte. Die Stadt wurde für Ferides Familie ein Stück Heimat, ein bisschen wie Akdere in Miniaturformat. So ertappte sich sogar Feride mehr als einmal dabei, wie sie zu Offenbach „Akdere" sagte. Hier fühlte sie sich heimisch innerhalb ihres Radius, dessen Grenzen zu fast gleichen Anteilen selbst- und fremdbestimmt waren. Innerhalb dieser kannte sie sich aus; in der Welt außen dagegen galten andere Standards, herrschten andere Gesetze.

Uneingeschränkt willkommen konnten sich die türkischen Familien in Deutschland nicht fühlen angesichts der überwiegend negativ geprägten Meinung über die sogenannten Gastarbeiter in der Gesellschaft. Ein weit verbreitetes Vorurteil war ihrer Situation keineswegs dienlich. Diesem Vorurteil zufolge holten Ausländer, besonders Türken, eine ganze Horde Angehöriger nach Deutschland, setzten viele Kinder in die Welt und kassierten großzügig Kindergeld und Sozialhilfe, ohne zu arbeiten. Feride wusste, dass das so nicht stimmte. Unter den Leuten, die Feride kannte, waren nur wenige, die kaum oder gar nicht berufstätig waren und staatliche Unterstützung erhielten.

Im Gegenteil: Viele waren sich nicht zu schade, nach ihrer Tagesschicht zusätzlich abends noch putzen zu gehen, um die Ersparnisse für ihre Familie zu vergrößern.

In Offenbach wohnte Ferides Familie zunächst in einem Altbau. Feride hat diese Wohnung als groß, aber kalt in Erinnerung. Sie hatten zwei Schlafzimmer und ein Wohnzimmer. Mit jeweils einem Ofen beheizt waren das Wohnzimmer und die Küche. Ungemütlich war es, nachts und im Winter die Toilette aufzusuchen, denn diese befand sich außerhalb der Wohnung im Zwischengeschoss des Treppenhauses. Fließend warmes Wasser gab es nicht, daher nutzte man zum Baden eine große runde Wanne, die in der Küche vor dem Kohleofen platziert wurde. Kuschelig warm war es nur im Wohnzimmer, wo der zweite Ofen stand. Dort wurde gegessen, dort wurden Familienfeste gefeiert, und Feride und Fatma machten ihre Hausaufgaben am großen Wohnzimmertisch.

Nur kurze Zeit später zog Ferides Familie in einen Neubau um: in die Erdgeschosswohnung in einem neunstöckigen Hochhaus, ebenfalls in Offenbach. Diese Wohnung hatte eine Zentralheizung, ein echter Luxus, verglichen mit dem kalten Altbau. Viele ihrer türkischen Freunde beneideten Ferides Familie um das warme Wasser und die Badewanne. Allerdings standen nur zwei Zimmer und eine winzig kleine Küche zur Verfügung. Irgendwie mussten sich aber fünf Personen mit den beengten Wohnverhältnissen arrangieren, und später kam noch eine kleine Nachzüglerin hinzu: Bahar, Ferides jüngste Schwester. Einen getrennten Bereich oder eine Rückzugsmöglichkeit konnte keiner beanspruchen. Im Gegenteil: Das eine Zimmer war Wohn-, Schlaf-, Ess- und Gästezimmer zugleich. Und Besuch kam im Übermaß und selten angekündigt. Darüber hinaus beherbergte die Familie manchmal für die Dauer von einigen Tagen bis Wochen Verwandte oder Bekannte, die noch keine eigene Wohnung hatten. Doch Not macht erfinderisch! Ein hoher Wohnzimmerschrank wurde als Raumteiler genutzt und dahinter eine ausziehbare Couch platziert. Mehr passte nicht hin. Immerhin wurde dadurch eine gewisse räumliche Trennung zumindest für eine Person geschaffen.

Die Grundschule

Im Sommer 1968 kam Feride in die Grundschule. Sie und ihre Schwester Fatma hatten aber nicht das Minimum an Rüstzeug, um die Grundschule als Vorbereitung für eine vielversprechende Zukunft zu nutzen: Sie konnten beide kaum Deutsch, hatten zu Hause keine Hilfe, um diese Grundschwierigkeit zu überwinden. Ihre Eltern brauchten selbst Hilfe, nahmen sie ziemlich bald als „Dolmetscher“ für alle möglichen Belange mit. Zudem standen sie anderen Türken als Dolmetscher und Betreuer bei Behördengängen und Arztbesuchen zur Verfügung – unentgeltlich selbstverständlich.

Fatma war das erste Kind der Familie, das der harten Realität des deutschen Schulwesens ausgesetzt war, völlig hilflos und fremd, weder der Sprache mächtig noch mit der Umgebung vertraut. Von ihren Eltern konnte sie keine Hilfe erwarten. Nicht nur, dass Gülüzar und Ali kaum Deutsch konnten, auch waren sie in anderen Dingen mit dem System überfordert. Und die Lehrer? Ihre Lehrerin war wahrhaftig bemüht, doch die Defizite waren zu groß, als dass sie sie allein hätte beseitigen können. Und es war eine neue Situation für alle Beteiligten. Man hatte in der Schule noch keine Erfahrung mit Ausländerkindern. Fatma war ein kluges Köpfchen, zeichnete sich durch mathematisch-logisches Denken aus, überragte ihre Schwester in diesem Punkt. Aber sie scheiterte am Schulsystem, weil sie mangels deutscher Sprachkenntnisse nicht das nötige Werkzeug hatte, ihre geistigen Fähigkeiten zu entfalten. Dreimal blieb sie sitzen, kam in die „Sonderschule“ und ging früh von der Schule ab. Vielen ihrer türkischen Freundinnen und Freunde erging es ähnlich – wegen fehlender Sprachkenntnisse wurden sie als „Förderschüler“ eingestuft, doch war „Förderschule“ nur ein Euphemismus für „Sonderschule“ und damit für einen frühzeitigen Verlust von Bildungschancen.

Auch Selim, ihr Bruder, wurde für die Sonderschule vorgeschlagen. Aber seine Grundschullehrerin setzte sich für ihn ein und wendete Selims Schicksal zum Positiven. Unter vier Augen riet sie Ali dringend davon ab, in den vorgeschlagenen Schulwechsel einzuwilligen. So kam Selim nicht in die Sonderschule, sondern zunächst in die Hauptschule, von wo aus er sich hocharbeiten konnte.

Feride hatte bei der Einschulung einen gewissen Vorteil gegenüber ihrer Schwester: Ihr war es schon vorher ermöglicht worden, mit ihrer Schwester Fatma in die Schule zu gehen, ohne selbst angemeldet zu sein. Die Vorbereitungen und der geradezu feierliche Akt der Einschulung ihrer Schwester sowie die ersten Schultage hatten Feride völlig in den Bann gezogen. Allein die Schultasche hatte eine ungemein große Anziehungskraft auf sie. Es war, als ob Fatma von dieser an der Hand genommen und in eine geheimnisvolle Welt entführt würde. In eine Welt, in der bunte Stifte sie anlockten, die leeren Hefte mit Leben zu füllen. In der Bücher sie einluden, mit ihr nicht nur in Bildern, sondern auch in Worten zu kommunizieren. Und in der Kinder waren, die zwar anders aussahen und mit denen sie sich kaum verständigen konnte, in deren Spontaneität und Spieldrang sie sich aber selbst erkannte. Das alles war ungemein reizvoll.

Nachdem Feride ihre Eltern lange gedrängt hatte, sprachen sie mit der Lehrerin. Frau Ehrenberg war wegen ihrer Empathie und ihres Engagements für ihre Schüler sehr beliebt. Sie muss den Schuldirektor davon überzeugt haben, dass ein informeller Schulbesuch Ferides sprachliche Benachteiligung reduzieren und ihre Zukunftschancen verbessern würde.

Vielleicht war es die Anwesenheit ihrer Schwester, warum Feride sich in der Eingewöhnungszeit nicht ganz so fremd fühlte. Zugleich war es ihrer Lehrerin, die den Kindern Unvoreingenommenheit und Respekt vorlebte, zu verdanken, dass Fatma und Feride als Mitglieder des Klassenverbands angenommen wurden. Immerhin waren sie die einzigen Türken, vielleicht sogar die einzigen Ausländer an der Schule überhaupt. Mit ihren dunklen Haaren und dunklen Augen sahen sie südländisch aus. Manchmal tauchte ihre Mutter auf, die ein Kopftuch trug, manchmal ihr Vater, dessen fremdes Aussehen durch den Schnurrbart akzentuiert wurde. Feride und Fatma waren in ihrer Art schüchtern, zeigten aber ihr Interesse an den anderen Kindern. Zwar entstanden keine engen Freundschaften und keine privaten Kontakte, doch wurden sie ebenso nicht in eine Außenseiterposition gedrängt. In den Pausen wurden sie bald einbezogen in die Spiele. Gummitwist war neben Seilspringen der Favorit aller Mädchen. Ab und an brachten Feride und Fatma ein langes Gummiband oder ein Seil mit, um zum gemeinsamen Spielen aktiv beizusteuern. Groß unterhalten musste man sich dabei nicht. In dem Alter hatten die deutschen Kinder ebenfalls noch kein sehr großes und kompliziertes Vokabular. Oftmals reichte Körpersprache zur Verständigung aus.

Die Ungezwungenheit der Kinder äußerte sich jedoch manchmal auch in unschönen Bemerkungen und Reaktionen gegenüber ihren beiden ausländischen Mitschülerinnen. Feride hörte ziemlich bald auf, rohe Zwiebeln oder in ihrem Frühstücksbrot „sucuk", die türkische Knoblauchwurst, zu essen, nachdem Einzelne aus der Klasse lautstark behaupteten, dass die türkischen Mädchen nach Zwiebeln und Knoblauch röchen, und auf Distanz gingen.

Als Feride am Ende des Schuljahres bei der Zeugnisausgabe leer ausging, weinte sie Tränen der Enttäuschung und der Wut. Denn sie hatte gar nicht verstanden, dass ihr Status als Schülerin nur provisorisch war. Hatte sie nicht genauso viel Fleiß und Sorgfalt in ihre Aufgaben investiert wie die anderen? Es war schlicht und einfach unfair, sie jetzt anders zu behandeln.

Nach den Ferien sollte es für sie richtig losgehen. Als sie mit ihrer Mini-Schultüte, in der sich Bonbons und andere Leckereien befanden, am ersten Schultag auftauchte, war die Spannung nicht so groß wie beim ersten Mal. Doch war ihre Stimmung geprägt durch ihre Entschlossenheit, sich diesmal nicht verleugnen zu lassen. Sie wollte ihren Platz in der Klasse fest einnehmen – darauf hatte sie genauso viel Anspruch wie die anderen Kinder.

Auf diese Weise hatte Feride sozusagen eine Art improvisierte Vorschule besucht. Dadurch konnte sie mit sechs Jahren wenigstens etwas besser Deutsch, und ihr eigentlicher Schulstart hatte bessere Rahmenbedingungen. Trotzdem war es keineswegs einfach.

Ein Schlüsselereignis für Feride in ihrer Grundschulzeit war ein Diktat. Sie hatte darin nur einen einzigen Fehler, und unter dem Diktat stand der Kommentar: „Schade, daß du einen Fehler hast." Sie war so stolz. Das war wohl ein Talent von ihr: Sprachen! Dieses erste Erfolgserlebnis an der Schule gab ihr so viel Auftrieb, tat ihrem geringen Selbstwertgefühl so gut. Plötzlich war sie den Deutschen sogar teilweise überlegen – sie, die Türkin, die Ausländerin, die Tochter von Gastarbeitern! Wenn ihr Vater sie von der Schule abholte, war ihr diese Kluft zwischen Deutschen und Ausländern oft sehr bewusst. Wenn ihr Vater mit deutschen Kindern in seinem schlechten Deutsch

Spaß machen wollte, lachte sie mit. Aber gleichzeitig war es ihr peinlich und tat es ihr weh zu sehen, dass er hinter seinem Rücken für seine Sprache ausgelacht wurde.

Solche Erlebnisse waren für Feride eine Bestätigung für ihre Beobachtung, dass korrektes Sprechen wichtig war und oft darüber entschied, ob die Person anerkannt oder abgelehnt wurde. Deshalb lernte sie früh, die Worte im Kopf zu filtern, bevor diese ihren Mund verließen. Sie wusste, dass ihr Deutsch Lücken und Fehler aufwies, die sie zu Hause, wo Türkisch gesprochen wurde, nicht beseitigen konnte. Aufgrund dessen fühlte sie sich ungeachtet ihrer Fortschritte den deutschen Kindern auch sprachlich nicht ebenbürtig. Ihr Erfolg stärkte indes ihr Bestreben, immer besser zu werden. Als sie später ein Wörterbuch besaß, schaute sie Wörter nach und schrieb sie in einem Vokabelheft, das sie extra für diesen Zweck angelegt hatte, nieder. Auf diese Weise konnte sie ihr Vokabular aktiv erweitern. Das freie Sprechen in längeren Unterhaltungen fiel ihr zu keiner Zeit leicht.

Familienurlaub in der Türkei

Die Sommerferien verbrachte Feride mit ihrer Familie jedes Jahr komplett in der Türkei. Diese Wochen in der Heimat waren für alle die weitaus wichtigste und schönste Zeit im ganzen Jahr. Man hatte viel zu erzählen und zu erfahren, viel zu zeigen und immer wieder auch groß zu feiern. Festivitäten wurden absichtlich in die Sommerferien gelegt, damit die Verwandten aus der Fremde dabei sein konnten.

Ali und Gülüzar packten das Auto für die sechs Urlaubswochen bis obenhin voll. Ein Flug für die ganze Familie wäre viel zu teuer gewesen. Fast drei Tage dauerte die Fahrt in die Türkei. Am Steuer saß Ali, denn Gülüzar hatte keinen Führerschein. Feride und ihre Geschwister saßen eingezwängt zwischen Gepäckstücken hinten im Fond. Um Zeit zu sparen und möglichst bald am Ziel zu sein, wurde am Schlaf gespart. Man schlief im Auto oder manchmal ein, zwei Stunden im Freien auf einer Raststätte, wo man sich auf einer Wiese langmachte. Decken und Kissen hatte man eingepackt, ebenso genug zu essen und zu trinken.

Selten fuhr Ferides Familie die Strecke alleine. Meistens fuhr man in einem Konvoi von bis zu drei weiteren Familien. Die Autos waren voll beladen, innen wie außen auf dem Dach. Denn viele nahmen nicht nur ihre feinsten Sachen mit – sie wollten schließlich einen guten Eindruck machen –, sondern auch Dinge für die Einrichtung ihrer Wohnung oder ihres Hauses in der Türkei wurden transportiert. Und die Mitbringsel für die zahllosen Angehörigen, Freunde und Bekannte mussten natürlich ebenfalls noch eingeladen werden. Durch die schwere Last der Autos kamen diese dem Boden ziemlich nahe - bei manchen sah man Funken sprühen, wenn beim Fahren der Asphalt an unebenen Stellen berührt wurde. Und schlimm war es zu sehen, wie viele Unfälle nicht nur mit Blechschäden endeten, sondern mit schwerwiegenden Verletzungen oder gar mit dem Tod. An solch einem Unfallort vorbeizufahren konnte die Stimmung für Tage trüben. Denn man konnte sich des Anblicks von Verletzten in oder außerhalb eines völlig demolierten

Fahrzeugs, von bisweilen mit einem Tuch bedeckten leblosen Körpern und von schreienden oder vor Schock erstarrten Angehörigen nicht immer erwehren. Koffer, die durch die Wucht des Aufpralls ihren Inhalt ausgeworfen hatten, Essensvorräte, die einige Meter weit auf die Straße geschleudert worden waren, rundeten mitunter die Szenerie des Grauens ab, bei dem den Reisenden ein Schauer über den Rücken lief. Die Betroffenen hatten sich genauso wie sie auf ihre Verwandten in ihrer Heimat gefreut. Sie wollten so schnell wie möglich am Ziel sein. Vielleicht war der Fahrer übermüdet gewesen und hatte die Kontrolle über sein überladenes Fahrzeug verloren? Für einen Moment wurde ihnen bewusst, welchen Risiken sie sich selbst zuweilen aussetzten und dass auch sie in Situationen gerieten, in denen es quasi ihrem Schutzengel zu verdanken war, einer Katastrophe haarscharf entglitten zu sein. Feride ging durch den Kopf, wie oft sie und die anderen Insassen ihren eigenen Schlafdrang unterdrückten, um ihren Vater als einzigen Fahrer zu unterhalten, damit er wach blieb und ja nicht bei trügerisch geöffneten Augen das erforderliche Minimum an Vigilanz und Reaktionsvermögen unterschritt. Man erzählte ihm Lustiges und Ärgerliches, sprach über unmittelbar bevorstehende Pläne oder reflektierte über längerfristige Vorhaben. Er und Feride philosophierten auch gerne über Gott und die Welt. Ein beliebtes Mittel zur Aufheiterung war das Singen. Manche Volkslieder sangen sie zusammen, aber oft trug Ali etwas alleine vor. Denn er hatte eine unheimlich schöne Stimme und konnte seine Zuhörer damit bezaubern.

Auch ohne unvorhersehbare, extrem belastende Ereignisse mutete die Reise allen, vor allem aber den Kindern, viele Strapazen zu. Sie mussten entgegen ihrem natürlichen Bewegungsdrang stundenlang stillsitzen, mussten bei langen Staus die Hitze ertragen und hätten am liebsten die sanitären Anlagen auf der Strecke, die selten hygienisch einladend waren, ganz gemieden. Die ewig langen Warteschlangen an den Grenzübergängen, wo man nicht immer freundlich behandelt wurde, waren besonders in der prallen Sonne eine Qual.

Aber ebenso verdient die positive Seite dieses alljährlichen Reiserituals erwähnt zu werden. Die Grundstimmung in dem kleinen Konvoi war fröhlich, vor allem auf der Hinreise. In den Pausen trugen alle Erwachsenen mit etwas Schmackhaftem zu einem abwechslungsreichen Picknick bei. Manche hatten einen Camping-Gasherd dabei und kochten Tee, und es gab leckere selbstgemachte Teigtaschen. Man unterhielt sich, versuchte sich zu entspannen und zu amüsieren. Schließlich hatte man ein Ziel, das es wert war, alle Unannehmlichkeiten zu ertragen.

Der Gestank des Körfez, des Golfs der Kreisstadt Izmit – in den Siebzigerjahren als Kloake missbraucht – wirkte nach der langen Fahrt geradezu euphorisierend auf die kleine Reisegesellschaft. Denn er signalisierte, dass keine Stunde Weg mehr zu fahren war. Einige Kilometer vom Zielort entfernt hielt Ferides Familie an einer Raststätte mit einer Wasserquelle an, um sich zu waschen. Feride und ihre Geschwister wurden von Gülüzar sauber eingekleidet. Nun waren sie bereit für den feierlichen Empfang im Dorf. Sie wurden bereits erwartet. Denn Akderes „Almancılar" oder „Deutschländer" – so nannten die Dorfbewohner ihre Verwandten aus Deutschland – kamen jeden Sommer zurück ins Dorf. Ferides Großmutter war nicht die Einzige, die seit Tagen Ausschau nach ihren Angehörigen aus der Fremde hielt.

Mit einem Hupkonzert fuhren sie ein. Ferides Herz klopfte laut und schnell. Freude und Aufregung machte sich auf allen Gesichtern breit. Verwandte und Bekannte eilten scharenweise zum Auto und begrüßten die Ankömmlinge mit Begeisterung, der nicht allein Sehnsucht und Bewunderung zugrunde lagen, sondern in einem gewissen Maß auch Neid. Kaum jemand im Dorf besaß ein Auto. So war der schlichte weiße Opel von Ali schon etwas Besonderes.

Nicht mehr so groß wie bei der Ankunft im Dorf, aber dennoch zu spüren war die Spannung beim Betreten der eigenen vier Wände. Auf Wunsch von Ferides Familie hatten sich die Verwandten bereits um die Grundreinigung gekümmert, so dass der Staub von einem Jahr unbewohnter Wohnung nicht der Familie entgegenflog und den ersten Eindruck trübte. Es musste nur noch etwas nachgewischt und eventuell das eine oder andere Möbelstück umgestellt werden. Die Koffer wurden ausgepackt, Lebensmittel in die Schränke eingeräumt. Der Reihe nach wusch man sich, wofür der gasbetriebene Heizkessel in Gang gebracht werden musste. Mit dem heißen Wasser musste man sparsam umgehen, wenn man nicht mittendrin vom kalten Wasser überrascht werden wollte. Allmählich wurde Leben in die Räume eingehaucht und eine wohnliche Atmosphäre entstand.

Dieses Haus war ihr Eigentum, das sie uneingeschränkt beanspruchen konnten. Es war der Grund, warum sie ihre Heimat verlassen hatten, das Produkt ihrer mühsamen Arbeit im Ausland. Es war das steinerne Dokument, das ihre Zukunft territorial definierte. Diese Zukunft war als Nahziel in der Rückkehrabsicht verankert. Getrennte Wohneinheiten erlaubten im Sinne eines generationsübergreifenden Projekts zudem den Ausblick in die Ferne: Die Kinder würden erwartungsgemäß selbst eine Familie gründen und könnten auf diese Weise in den Genuss einer separaten Unterbringung kommen.

Da für die Eigennutzung konzipiert, kam eine Dauervermietung nicht in Frage. Nur für eine begrenzte Zeit wurden Mieter zugelassen, zumal es äußerst schwierig war, darunter zuverlässige Leute zu finden und sie aus der Entfernung wirksam zu kontrollieren.

In die neue Bleibe hatte man sich schnell eingelebt. Etwas schwieriger fiel es Feride am Anfang, sich komplett auf Türkisch zu unterhalten. Umgekehrt ging es ihr in Deutschland, wenn sie auf Deutsch umschalten musste und dabei mit Unsicherheiten zu kämpfen hatte. Ob hier oder dort: Der Wechsel bedeutete die Konfrontation mit einer jeweils anderen Umgebung, an die man sich neu adaptieren musste. Um mit dieser zu kommunizieren, war es insbesondere erforderlich, im Kopf das passende Sprachprogramm zu aktivieren.

Eine Umstellung erforderten ebenso manche Situationen, in denen man sich nach Deutschland zurücksehnte.

In den Siebzigerjahren kam es regelmäßig zur Unterbrechung der Strom- und Wasserversorgung in den Haushalten. Wahrscheinlich führte der Anstieg der Bevölkerungszahl durch die Urlauber im Sommer zu einer Überlastung des Wasserreservoirs und der elektrischen Leitungen. Manchmal dauerte es bis zu drei Stunden, bis es wieder fließendes Wasser gab. Unangenehm war es, wenn man gerade unter der Dusche war oder Wasser fürs Kochen benötigte. Um für solche Fälle gewappnet zu sein, legte man sich Wasserreserven in Flaschen und Kanistern an.

Nicht selten stand man in der Dunkelheit plötzlich ohne Licht da. Kerzen und Taschenlampen waren deshalb wichtig, um sich bei Stromausfall einigermaßen zurechtzufinden.

Für einen Moment wurde einem bewusst, dass es nicht selbstverständlich war, ständig über fließendes Wasser zu verfügen und ununterbrochen Zugriff auf elektrischen Strom zu haben, wie man es von Deutschland gewohnt war. Aber die Entwicklung in der Türkei war noch nicht so weit, deren Bürgern einen vergleichbaren Lebensstandard mit stabiler Grundversorgung bieten zu können.

Der Aufenthalt in der Türkei war mit einem weiteren Charakteristikum verbunden, nämlich dem melodischen Gesang des Muezzins, der fünfmal am Tag zum Gebet aufrief.

Mindestens einmal in der Woche wurde man außerdem an die Vergänglichkeit des Lebens erinnert, wenn der Ausruf zur Bekanntgabe von Sterbefällen, der gleichzeitig zur Teilnahme an der Bestattungszeremonie einlud, ertönte. Es wurde nicht nur das Ableben von Bewohnern des Dorfes, sondern auch aus den Nachbarorten ausgerufen, auf Wunsch der Angehörigen sogar aus entfernteren Ortschaften. Da die Moschee sich gegenüber dem Haus befand, waren die Kundgebungen laut und deutlich zu hören. Außerdem war es möglich, die Betenden zu beobachten.

Insgesamt war eine stärkere Alltagspräsenz der Religion zu spüren, was sich nicht nur in den rituellen Praktiken widerspiegelte, sondern auch eine gewisse spirituelle Atmosphäre schuf.

Da Ferides Cousinen und Cousins in der Landwirtschaft mithelfen mussten, aber mit ihren Verwandten aus Deutschland zusammen sein wollten, nahmen sie Feride und Fatma einfach mit aufs Feld. Dabei waren lange, unebene Feldwege zu Fuß zu bewältigen, meist war ein Esel dabei, bepackt mit großen Körben, die mit der Ernte zu befüllen waren. Proviant durfte nicht fehlen. Denn nichts war zu vergleichen mit dem Picknick in der Natur: frisch gepflückte Tomaten und Paprika, unvergleichlich schmackhaftes kaltes Quellwasser, saftige Pfirsiche, Trauben und süße Maulbeeren. Kaum konnten sie es abwarten, sich hinterher im Meer abzukühlen. Zum Baden mussten sie sich manchmal heimlich davonschleichen, weil die Erwachsenen es nicht guthießen, dass Mädchen schwimmen gingen – trotz der meist längeren zu Badekleidung umfunktionierten Klamotten, die Feride und ihre Cousinen dabei trugen.

Selten verließen die „deutschen Urlauber" das Dorf, höchstens zum Einkaufen in den umliegenden Orten. Trotzdem vergingen die sechs Wochen wie im Flug, ohne die mindeste Langeweile. Immer waren Menschen um sie herum. Alle wollten sie sehen. Den Älteren mussten sie einen Besuch abstatten. Das war Pflicht – eine Geste des Respekts. Kam einer sie besuchen, mussten sie darauf mit einem Gegenbesuch antworten. Auch das verstand sich von selbst. Außerdem war es quasi ungeschriebenes Gesetz, Trauerzeremonien beizuwohnen, ebenso Verlobungs-, Hochzeits- oder Beschneidungsfeiern, wenn diese irgendwie mit ihrer Familie zu tun hatten. Und das hatten sie meist – denn im Dorf war fast jeder mit jedem in irgendeiner Weise nahe oder entfernt verwandt.

Doch nicht nur die vielen Familienfeiern sorgten für Abwechslung: Im Sommer kam auch das Freilichtkino ins Dorf. Für Feride und ihre Cousinen in Akdere war es ein unbeschreiblich reizvolles Erlebnis, dort Filme zu schauen. Das Freilichtkino wurde auf dem Dorfplatz aufgebaut. Die Kinovorstellungen hatten viele Besucher, da kaum jemand in Akdere einen Fernseher besaß. Feride und ihre Geschwister durften nicht oft ins Kino – meist war Gülüzar dagegen, wie die meisten Mütter im Dorf auch. Umso größer war das Verlangen, dem Spektakel beizuwohnen. Zum Glück war Sevil, eine von Ferides Cousinen, besonders gewieft und mutig und nahm Feride zu ihrem Kinoabenteuer mit. Sevil hatte zuvor schon einen Weg gefunden, wie man in den Genuss des Kinoprogramms kommen konnte, ohne den offiziellen Eingang zu benutzen und ohne gesehen zu werden. Am Rande des Dorfplatzes standen dicht nebeneinander mehrere große Bäume, darunter ein besonders großer Baum mit starken, fast waagerechten Ästen. Nebeneinander auf dem Ast dieses Baumes sitzend, sozusagen auf einem Emporenplatz hoch über den anderen, hatten Feride und Sevil Kinogenuss pur – und das auch noch kostenlos. Ein bisschen Kribbeln im Bauch und leichte Gewissensbisse verspürte Feride schon. Denn sie war eher ein braves Kind. Doch der Platz im Baum schien ihr sicher, ihre Mutter würde nichts davon erfahren, und die bunten Bilder zogen sie ganz in ihren Bann.

Viel zu schnell waren die sechs Wochen Ferienzeit zu Ende. Der Abschied von Akdere war ein Drama. Alle weinten, die Kinder und die Erwachsenen. Vor allem die Kinder der „Almancılar“ schluchzten laut, denn sie wollten nicht zurück. Hier waren sie so willkommen, etwas Besonderes. Es war alles so lebhaft, die Menschen waren so herzlich, der Umgang miteinander war so ungezwungen. Warum sollten sie jetzt wieder fort? Doch es musste sein, da gab es kein Pardon. Langsam setzte sich der kleine Konvoi auf der staubigen Straße in Bewegung. Den „Almancı“-Familien wurde beim Abschied Wasser nachgegossen, das symbolisierte das Wiedersehen: Die Zeit bis zum nächsten Sommer sollte so schnell vergehen wie fließendes Wasser.

Zurück in Deutschland, fielen allen die Stille und die menschenleeren Straßen besonders auf. Verglichen mit dem ländlichen Akdere, wo man im Sommer mehr draußen lebte als im Haus, wirkte Offenbach mitten im August leblos, grau und kalt.

Von der Grundschule aufs Gymnasium

Schule bedeutete Feride immer mehr. Bald wurde es das Wichtigste in ihrem Leben. Sie sah darin eine Tür zu einem „besseren", selbst gesteuerten Leben, ein Mittel zur Wiedergutmachung für die schwierige und in mancher Hinsicht leidvolle Situation der Familie als Migranten in einem Land, in dem die Barriere zwischen Gastarbeitern und Deutschen immer präsent war. Ein Gefühl des Willkommenseins und des Dazugehörens konnte nicht entstehen, weil das Fremdartige Distanz erzeugte und den Zugang zu den Herzen behinderte. Abfällige Blicke, ein unfreundlicher Umgangston, ausländeradaptiertes Deutsch mit Einsatz der Du-Form und ausgelassenen Artikeln, zuweilen offensive Zurechtweisung vonseiten der Einheimischen wegen Nicht-Beachtung ungeschriebener Regeln des öffentlichen Auftritts förderten den Rückzug der Fremden hinter die Grenzen ihrer eigenen kleinen Welt. In dieser fühlten sie sich mit ihresgleichen verbunden und geborgen. Damit einhergehende Einschränkungen in ihrer persönlichen Entwicklung wurden angesichts ihrer Rückkehrambitionen nicht als Verlust angesehen. Feride wollte jedoch Veränderung. Sie wollte die Wachstumschancen, die sich ihr in der Schule anboten, nutzen.

In der vierten Klasse der Grundschule sollte die Vorentscheidung für den weiteren schulischen Werdegang getroffen werden. In Offenbach gab es damals die zweijährige Förderstufe, die über ein Kurssystem nach der sechsten Klasse in die weiterführende Schulform eingliederte. Feride wurde von ihrer Grundschullehrerin in Mathematik dem A-, in Englisch dem B-Kurs zugeteilt. Bald schon offenbarte sich ihre Begabung für Englisch, so dass ihr eine Höherstufung in Aussicht gestellt wurde. Das wollte Feride unbedingt, und entsprechend nervte sie ihre Lehrerin mit der ständigen Frage, wann sie denn endlich in den A-Kurs komme.

Die Spannung war enorm. Es stand viel auf dem Spiel. Als sie dann noch in Deutsch in den A-Kurs kam, war ihr der Besuch des Gymnasiums möglich. Ihre Freude war unbeschreiblich! Und wie sich erst ihre Eltern freuten! Sie waren stolz auf sie. So langsam fingen sie an, sich einem Traum von ihrer Tochter als Ärztin hinzugeben. Und Feride träumte mit. „In die Türkei gehen und die Armen umsonst behandeln", das war ihr Ideal. Sie würde die große Retterin werden, die Samariterin, deren Einsatz von Selbstlosigkeit geprägt sein würde. Das würde selbstverständlich herausragenden Erfolg voraussetzen. Respekt würden auch diejenigen ihr zollen, die meinten, ihr aufgrund der äußeren Gegebenheiten wie etwa Abstammung, Schichtzugehörigkeit oder finanzielle Lage überlegen zu sein.

Seit sie auf dem Gymnasium war, investierte Feride noch mehr Zeit in die Schule. Einen lockeren Umgang damit konnte sie sich absolut nicht leisten. In ihren Augen waren ihre Defizite gegenüber den anderen Kindern ungemein groß und nur durch ein Vielfaches an Fleiß zu kompensieren. Zu groß war ihre Angst zu scheitern. So verzichtete sie auf vieles, was die anderen Kinder in ihrer Freizeit machten. In gewissem Maße verzichtete sie damit darauf, Kind zu sein, locker und sorglos.

Doch hatte sie immerhin ein altes Fahrrad, mit dem sie gerne ihre Runden drehte. Manchmal fuhr sie sonntags zur Rollschuhbahn im Waldpark und bewunderte, wie die Leute dort schnell und kraftvoll ihre Kreise zogen, kunstvolle Figuren übten oder im Getümmel auf der Bahn einfach nur Spaß hatten. Rollschuhfahren konnte sie selbst nicht und besaß auch keine Rollschuhe.

Gerne hätte sie sich einfach dazugesellt, wenn die Nachbarskinder im Hof gegenüber Gummitwist spielten. Gummitwist liebte sie. Aber sie traute sich nicht. Stattdessen blieb sie am Nachmittag fast immer im Haus und machte ihre Hausaufgaben.

In der Zwei-Zimmer-Wohnung, in der sie lange zu sechst wohnten, lief der Fernseher nahezu ständig. Mehrmals in der Woche kam Besuch. Feride zog sich dann, wenn es ging, in das Elternschlafzimmer zurück, um zu lernen. Sie liebte Fernsehsendungen wie „Unsere kleine Farm", die Westernserie „Bonanza" oder die Abenteuer im Weltall von „Raumschiff Enterprise". Doch entzog sie sich dem Fernseher recht häufig, denn sie wusste, wenn sie der Verlockung zu oft erlag, würde sie es nicht schaffen. Feride wollte möglichst keine Niederlagen riskieren – zumal sie auch noch den Anspruch hatte, besonders gut zu sein.

Im Haus waren ihre direkten Nachbarn „moderne" Türken. Familie Erçelik war städtischen Ursprungs, das sah man ihnen an. Frau Erçelik kleidete sich nicht nur modebewusst, dem

Outfit nach schien sie – anders als Feride es kannte – nicht erst auf den Preis und dann auf die Ware zu schauen. Zudem war sie nicht zurückhaltend in Sachen Kürze der Kleider oder der Ärmel. Sie sprach ein klares, gehobenes Türkisch, das Feride sehr mochte. Ihr Deutsch hatte zwar einen türkischen Akzent, war aber merklich besser, als Feride es von den meisten Türken um sie herum kannte. Frau Erçelik arbeitete als Verkäuferin für Damenmode bei Karstadt. Ihr Mann war bei einer Zeitung beschäftigt; was für eine Funktion er dort genau ausübte, wusste Feride nicht, vielleicht war er Journalist? Obwohl es Frau Erçeliks Familie finanziell sichtlich besser ging als Ferides Familie, waren die Erçeliks überhaupt nicht überheblich. Sie waren sehr freundlich und respektierten Ferides Familie. Und sie engagierten Feride für ihre Tochter Tülin als Nachhilfelehrerin. Feride freute sich und war aufgeregt: Sie sollte Tülin in Deutsch, Englisch und Mathematik helfen – für 50 Mark pro Monat, ihr erstes eigenes Geld!

Als Feride die Wohnung ihrer Nachhilfeschülerin betrat, wurde ihr erneut klar, dass diese türkische Familie ihren Aufenthalt in Deutschland nicht als Provisorium betrachtete – ganz anders als ihre eigene Familie. Die Ausstattung der Wohnung hatte einiges gekostet, das merkte man deutlich. In der Ecke des Eingangsbereichs war ein runder Esstisch, über dem ein Kronleuchter hing. Die Couchgarnitur im Wohnzimmer war aus edlem dunklem Leder. An den Wänden hingen Gemälde in goldverzierten Rahmen. Tülin hatte ein eigenes Zimmer mit weißen Möbeln und jede Menge Spiele und andere Dinge zum Zeitvertreib.

Das Arbeiten mit Tülin machte Feride Spaß. Zwar verstand ihre Schülerin nicht immer alles auf einmal. Doch auch Feride war gefordert, ihre Methoden, wie man Schulwissen effektiv vermittelt, zu entwickeln und auszufeilen. Zu Ferides großer Freude erzielte Tülin in den Klassenarbeiten bald bessere Noten. Der Nachhilfeunterricht hatte ihr also etwas gebracht – und gleichzeitig auch Feride, der die positive Resonanz guttat. Bald unterrichtete Feride auch Tülins Bruder Tamer. Das verdiente Geld legte sie vorerst beiseite. Ihre Wunschliste war lang. Auf jeden Fall wollte sie sich davon einen neuen Pelikan-Füller kaufen und ein gutes Schülerlexikon. Und vielleicht wären sogar ein paar Klamotten drin.

Als Feride in der Oberstufe war, wurde sie einem deutschen Mädchen als Nachhilfelehrerin für Französisch empfohlen. Französisch war Ferides Lieblingsfach, und so sagte sie sofort zu.

Ferides neue Nachhilfeschülerin hieß Susanne. Sie war dunkelblond, schmal und etwas schüchtern. Susannes Mutter war eine sehr freundliche, große Frau. Sie wohnte mit ihrer Familie in einem geschmackvoll eingerichteten eigenen Haus. Susannes Zimmer war im zweiten Stock. Feride gab Susanne gerne Nachhilfe. Nicht nur für Ferides Selbstbewusstsein war der Unterricht von Vorteil, auch ihre eigenen Französischkenntnisse profitierten durch die Vorbereitung und Vermittlung des Stoffs. Und sogar Ferides Latein kam zum Einsatz, denn viele Wörter und grammatikalische Konstruktionen konnte sie aus dem Lateinischen ableiten.

Zurück in ihrer Wohnung sah sie die soziale Kluft zu ihrer Familie. Auf der anderen Seite war sie stolz, trotz dieser Mängel in anderen Dingen überlegen zu sein. Sie, das unscheinbare türkische Mädchen, das in einer Zweizimmerwohnung mit weiteren fünf Familienmitgliedern wohnte, gab wohlhabenden Kindern Unterricht! Ihre Leistungen wurden also geschätzt. Das freute und motivierte sie.

Im Großen und Ganzen kam Feride mit der Schule klar – doch manchmal brauchte sie Hilfe. Ihre Eltern konnte sie nicht fragen, also klopfte sie bei den Nachbarn an, ob sie ihr bei den Hausaufgaben helfen könnten. In ihrem Hochhaus gab es einige sehr nette Menschen, die ihr entgegenkamen. Am liebsten mochte sie das ältere Ehepaar im neunten Stock, Herrn und Frau Kullmann. Es war immer aufregend, vom Erdgeschoss mit dem Aufzug hochzufahren. Manchmal lief Feride die Treppen hoch. Die Aussicht von da oben war beeindruckend, aber auch Angst einflößend. Anders als im Erdgeschoss, wo man ständig Leute kommen und gehen hörte, war es ungewöhnlich still im neunten Stock. Als ob sie da oben von der Außenwelt abgeschnitten wären. Die Kullmanns hatten zwar einen deutschen Namen, schienen aber nicht „rein deutsch“ zu sein, denn ihr Deutsch hatte einen kleinen Akzent. Vielleicht kamen sie aus Tschechien oder Polen. Im Gegensatz zu den Türken, bei denen ständig Leute ein- und ausgingen, hatten die Kullmanns eine ruhigere Lebensweise. Sie waren gänzlich unvoreingenommen, sehr darum bemüht, Feride bei den Schulaufgaben zu helfen. Manchmal zogen sie dazu ein Lexikon aus dem Regal, wenn ihr spontanes Wissen nicht ausreichte. Oft boten sie ihr auch einen leckeren Kakao oder Süßigkeiten an. Ihre Hilfsbereitschaft und Freundlichkeit taten Feride gut.

Feride mochte Sprachen sehr, manchmal sogar die Klassenarbeiten, zum Beispiel im Fach Französisch. Auch die mündlichen Beiträge fielen ihr in den Fremdsprachen nicht schwer. In den deutschsprachigen Fächern allerdings fühlte sie sich im schriftlichen Ausdruck sicherer, während die Wortmeldungen im Unterricht sie enorme Überwindung kosteten. Wenn sie den Finger hob, klopfte ihr Herz rasend schnell vor Aufregung. Dabei war ein inhaltlicher Fehler nicht ihre Sorge, sondern ein sprachlicher, womit sie sich „verraten" könnte, die anderen daran erinnern könnte, dass sie ein Gastarbeiterkind war, also nicht ursprünglich zu ihnen gehörte.

Denn leider machte sie manchmal, auch außerhalb der Schule, diese Erfahrung, ausgegrenzt zu werden, oft indirekt und meist ganz unerwartet. Dann war es besonders schmerzhaft. So kam es zum Beispiel während der fröhlichen Geburtstagsfeier einer Schulkameradin vor, dass jemand plötzlich eine abschätzige Bemerkung über Türken, Ausländer und Muslime machte. In diesem Augenblick schienen alle Anwesenden vergessen zu haben, dass mitten in ihrem Kreis jemand war, der zu allen drei genannten Gruppen gehörte. War es Absicht, sie daran zu erinnern und zur Abkehr von ihnen zu bewegen? Oder nahmen sie Feride als Teil ihrer eigenen sozialen Gruppe wahr? Tatsache war, dass sie abfällig über „die" sprachen, gegen die sie sich selbst abgrenzten. Aber Feride konnte das nicht tun. Wie konnte sie ihre Gene verleugnen, ihr Aussehen, ihren Namen, ihre Eltern, all die Leute, die sie schätzten und mochten. Wie konnte sie die Sprache vergessen, in der sie ihre Gefühle ungezwungen artikulieren konnte, wie den Glauben verbannen, den sie in den stillsten Momenten zur innerlichen Sammlung brauchte, um Trost zu finden und Kraft zu schöpfen? Dabei hatte sie geglaubt, mit all ihren Identitäten angenommen worden zu sein, so auch als Türkin und als Muslimin, und zwar mit spezifischer Prägung durch ihre Wirklichkeit in Deutschland. Ihr Blickwinkel als Türkin war anders als der einer Türkei-Türkin, und als Muslimin in der Diaspora dachte und lebte sie ihren Glauben anders als ihre Altersgenossen in einem mehrheitlich muslimischen Umfeld.

War sie als ihre Mitschülerin einem Ausschluss von bestimmten persönlichen Merkmalen unterworfen? War dieser Status nicht vereinbar mit „fremden" Elementen? Eine Welt, die eine Zeit lang in Ordnung zu sein schien, brach in diesem Augenblick zusammen. Demnach waren also auch diese Deutschen, die sie zu ihren Freunden zählte, so wie die anderen, die sich über Ausländer stellten. Wie sie es hasste! War es Arroganz – oder war es Unreife und Naivität? Oder einfach fehlendes

Taktgefühl? Feride konnte es sich nicht erklären. Wie konnten sie so herzlos, so gefühllos sein! Feride war verletzt und enttäuscht. Oft war sie bei solchen Vorfällen so perplex, dass sie spontan nichts dazu sagen konnte. Trotzdem wollte sie ihre Freundschaften halten, so gut es ging. Denn ihre Freunde waren ihr wichtig. Für ihre Gefühle hatte sie zum Glück ein Ventil: ihr Tagebuch.

Tagebuch

17. Juli 1978

Heute waren fast alle Mädchen aus unserer Klasse zum Kaffeeklatsch bei Beate eingeladen. Sie hatte einige gebeten, einen Kuchen zu backen. So hatten wir einiges zur Auswahl und haben uns vollgefressen, bis uns schlecht wurde. Trotzdem blieb viel übrig.

Es war sehr schön, denn es war ja auch das letzte Mal, wo wir noch in der eingelebten Klassengemeinschaft zusammen feiern konnten. Beate hat Musik aufgelegt, und bei Daddy Cool von Boney M., Waterloo von ABBA, Stayin' Alive von den Bee Gees wurden wir alle mitgerissen und tanzten eine Runde. Das war wunderschön und hat großen Spaß gemacht. Wir kommen jetzt alle in die Oberstufe, in der wir schon in die reformierte Oberstufe eingeführt werden. Für das erste Halbjahr von Klasse 11 haben wir schon die Lehrer in den bestimmten Fächern gewählt. In einigen Fächern konnten wir eine Drittwahl angeben. Sind Kurse überbelegt, muß leider das Los entscheiden. Ich habe solch eine Angst davor, daß ich von meinen besten Freundinnen getrennt werde. Wie schon gesagt, sind diese Maria, Christa und Michaela. Ich verstehe mich gut mit ihnen. Wir treffen uns auch nachmittags nach der Schule. Sie finden mich hübsch – Christa hat mir einmal gesagt, sie würde sich das Mädchen, das im Karl-May-Roman beschrieben wird, so wie mich vorstellen: mit brauner Hautfarbe, großen braunen Augen und so einer schönen Gesichtsform. Das hat mir natürlich sehr geschmeichelt. Sie finden auch, daß ich eine schöne Figur habe. Solche Komplimente tun sooo gut. Denn von meiner Mutter höre ich so etwas nicht. Sie versteht (wie die meisten anderen türkischen Frauen) unter „schön" etwas anderes. Danach müßte ich helle Haut und am besten auch noch – wortwörtlich übersetzt – „bunte", also blaue oder grüne Augen haben. Übrigens, sie selbst hat helle Haut und grüne Augen ...

11. Mai 1979

Von meinen Freundinnen ist Christa diejenige, die eine freiere Denkweise hat und ihre Kritik offen äußert. Dabei ist sie sehr impulsiv. Einmal teilte sie mir etwas mit, worüber sie entsetzt war, was ich aber irgendwie auch lustig fand. Sie sagte mir, unsere gemeinsame Freundin Maria bedauere, daß ich Muslimin sei. Sie habe zu ihr gesagt: „Schade, daß Feride keine Christin ist. So hat sie keine Chance, ins Paradies zu kommen." Marias Worte verletzten mich, aber ich hörte gleichzeitig ihre Sorge darin, und die fand ich sympathisch. Ich scheine ihr wichtig zu sein. Am Ende meines Gesprächs mit Christa konnte ich sogar ein bißchen darüber schmunzeln, da ich gleichzeitig die Denkweise des anderen, nämlich des muslimischen Ufers kenne. Diese ist genau spiegelbildlich zu der Aussage meiner Freundin, nur die Benennungen sind anders. Hier heißt das Paradies „Cennet", und Ungläubige – zu denen manche fälschlicherweise auch Christen und andere Nicht-Muslime zählen – haben selbstverständlich keinen Zutritt dazu. Wie ähnlich die Menschen doch einander sind!

Das „Kuckucksei" aus Deutschland

Wenn Feride im Urlaub in der Türkei war, merkte sie jedes Jahr deutlicher, wie sehr sie in den Augen ihrer Landsleute schon eine „Deutsche" geworden war. In der Dorfbevölkerung von Akdere war Feride als Teenie ein bunter Vogel – so wie sie in ihrer Familie gewissermaßen auch ein „Kuckucksei" war.

Das zeigte sich schon an der leidigen Kleiderfrage. Die Frauen im Dorf trugen selbstgenähte bunte Pumphosen, sogenannte „şalvar". Wenn sie das Haus verließen, zogen sie sich ein schwarzes Gewand – „yeldirme", eine Art dünner, gerade geschnittener langer Mantel – über die Schultern. Die Kopfbedeckung bestand meist aus zwei Teilen: Für den häuslichen Bereich reichte ein „çember", ein an den Rändern besticktes dünnes und ebenfalls buntes Baumwolltuch, das man, zusammengelegt zu einem Dreieck, um den Kopf wickelte und hinten am Nacken zusammenband. Außerhalb wurde ein „başörtü", übersetzt „Kopfbedeckung", über den „çember" gezogen. Die Befestigung wurde nicht durch einen Knoten unter dem Kinn erreicht, sondern vollzog sich nach einer besonderen Manier. Zunächst wurde der vorne befindliche mittlere Tuchrand, an dem oft eine feine Spitze angenäht war, über die Stirn gespannt, an den Schläfen wurde jeweils der seitliche vordere Rand des Tuches über den geraden Stirnteil umgeklappt, rechts wurde er dann unter dem Kinn zur Gegenseite geführt und dort festgehalten. Anschließend wurde der linke Tuchrand als zweite Schicht in Gegenrichtung unter dem Kinn durch und auf der rechten Seite nach oben gezogen, wo er in etwa Ohrhöhe fest unter die Tuchlagen gesteckt wurde. Diese kunstvolle Fixierung des Tuches – je nach Anlass aus gewöhnlichem bis edlem Stoff – wollte Feride einfach nicht gelingen, auch wenn ihre Mutter ihr es noch so oft zeigte.

Ferides Mutter war es wichtig, dass Feride ein Kopftuch trug. Sie war ja schon ein Teenager und sollte keinen Anlass zum Tratsch geben. Nach langem Hin und Her weigerte Feride sich schließlich erfolgreich – sehr zum Leidwesen ihrer Mutter. Ihr Argument war, wenn sie ein Kopftuch tragen würde, dann aus

Überzeugung und nicht, um die klatschsüchtigen Frauen und Männer zu befriedigen.

Ebenso konnte Feride es nicht ertragen, sich von den Männern vorschreiben zu lassen, welchen Weg sie zu gehen hatte. Sie sah nicht ein, warum sie nicht an den Männercafés vorbeilaufen sollte. Diese ungeschriebene Regel herrschte in den Siebzigerjahren, als noch keine städtischen Kulturelemente durch später Zugezogene oder Sommerurlauber alte Sitten und Gebräuche herausforderten. Feride wählte ihre Wege im Dorf, wie sie es wollte, und brach damit ein Tabu.

Ihre Eltern nahmen es schweren Herzens hin, dass sie ihrem innigsten Wunsch nicht Genüge getan hatte, eine Kopfbedeckung zu tragen und anderen traditionellen Idealen und Erwartungen zu entsprechen. Feride hatte sie in einiger Hinsicht enttäuscht. Doch konnte sie es sich andererseits auch leisten, revolutionär zu sein. Denn auch die Tatsache, dass sie in der Schule erfolgreich war und auf ein Studium zustrebte, war damals eine Ausnahme in Akdere. Ferides Eltern waren sehr stolz darauf und erzählten bei jeder Gelegenheit, dass ihre Tochter Medizin studieren würde.

Der Zielort ihrer elterlichen Träume war die Türkei. Dort sollte Feride als Ärztin Karriere machen, eine Praxis eröffnen oder Chefärztin eines Krankenhauses werden, vielleicht eine Kuranstalt bauen lassen. Dafür würde sich Akdere, umgeben von Meer und Bergen, gut eignen.

Dorfhochzeit in Akdere

In jedem Sommerurlaub in der Türkei gab es große Feiern. In diesem Sommer sollte Ferides Cousine Zeliha heiraten – ein Fest, das schon lange im Voraus geplant worden war.

Was die Menschen in Akdere für eine Hochzeit ausgaben, fand Feride unglaublich. Sie hatte den Eindruck, die Menschen dort trieben sich selbst in den Ruin, weil sie den immer steigenden Erwartungen und Wünschen genügen mussten. Gold in Form von Schmuck oder Münzen zum Beispiel war ein Muss bei jeder Hochzeitsfeier – der Klang von klirrenden und klappernden Goldarmreifen am Handgelenk konnte nicht laut genug sein. Es waren nicht selten mindestens fünf an einem Arm, und schon allein einer kostete umgerechnet mindestens 100 Euro. Und wurde einer Braut ein „beşibirlik", eine große, schwere Goldmünze an einem roten Bändchen oder gar an einer goldenen Kette um den Hals gehängt, dann war sie allein damit bestimmt über 1000 Euro reich. Ein Armreif oder eine kleine Goldmünze waren oft Geschenke von Verwandten und guten Freunden.

Darüber hinaus wurde für die Einrichtung der Wohnung des Brautpaares Geld ausgegeben. Früher zog die Braut nach der Hochzeit meist ins Haus der Familie des Bräutigams ein. Bei Zeliha und ihrem Mann war das anders – sie würden eine eigene Wohnung haben. Die Ausgaben für die Hochzeit teilten sich die beiden Familien.

Wie jede Dorfhochzeit in Akdere begann auch Zelihas Hochzeitsfeier an einem Donnerstag. Denn dieser Tag war mit dem für Muslime so wichtigen Freitag verbunden. Wie üblich würde das Hochzeitsfest eine ganze Woche dauern. Jeden Abend, an einigen Tagen auch tagsüber, trafen sich Frauen und Mädchen im Freien zum Singen und Tanzen oder Zuschauen. Dafür wurde ein Platz im Hinterhof von Zelihas Elternhaus mit Stühlen und Holzbänken bestückt, die Mitte blieb frei für die Tanzenden. Zelihas jüngere Schwestern und deren Freundinnen waren im heiratsfähigen Alter und machten sich besonders hübsch, denn es waren Mütter dabei, die Ausschau nach einer geeigneten Frau für ihren Sohn hielten.

Feride empfand es als äußerst unangenehm, als Asuman, Zelihas Schwester, sie dazu drängte, eine Runde zu tanzen. Sie fühlte sich wie auf einem Präsentierteller, dabei war sie nicht einmal eine uneingeschränkt geeignete Heiratskandidatin, abgesehen davon, dass sie selbst am Heiraten absolut nicht interessiert war. Auch die anderen jungen Mädchen und Frauen schienen ihr bei diesem „Schautanzen“ ziemlich verkrampft, auch wenn sie beim Tanzen fröhlich in die Hände klatschten. Nur wenige traten sehr selbstbewusst auf und zeigten ungehemmt ihre Schönheit. Trotz der angespannten Atmosphäre des „Schautanzens“ mochte Feride die Musik – den Klang der „darbuka“, einer Bechertrommel, und die traditionellen Volkslieder, die von den jungen Frauen gesungen wurden. Feride versuchte, sich auf die Musik zu konzentrieren und die prüfenden, teilweise durchbohrenden Augen der älteren Frauen zu ignorieren, und für ein paar Momente gelang ihr das sogar.

Einige Tage dieser Hochzeitswoche ragten heraus. Der Montag war für die gemeinsame Zubereitung von gefüllten Weinblättern („dolma“), Reis und einer Süßspeise („zerde“) reserviert. Damit wurden die eingeladenen Gäste bewirtet. Das waren bis auf Ausnahmen fast alle Dorfbewohner, Männer und Frauen. Von den weiblichen Mitgliedern der Hochzeitsgesellschaft wurde erwartet, bei der Zubereitung, beim Bedienen und später beim Geschirrspülen zu helfen. So hatte auch Feride alle Hände voll zu tun. Wie viele Weinblätter wurden wohl gefüllt? Es müssen Tausende gewesen sein. Viele Gäste setzten sich auf kleine Hocker oder auf umgekehrt aufgestellte Holzkästen, die man bei der Ernte einzusetzen pflegte. Nachbarn halfen mit provisorischen Sitzgelegenheiten und ebenso mit Töpfen und Geschirr aus.

Der „Salı-Düğünü“ war an einem Dienstag. An diesem Tag durfte sich die Braut erstmals in ihrem Brautkleid präsentieren. Zeliha sah bezaubernd darin aus, ein bisschen wie eine Puppe. Mit der vielen Schminke im Gesicht, ihrer Frisur, die wie ein Turm in die Höhe ragte, und ihren schönen dunkelblonden Locken, die seitlich und hinten herunterfielen, sah sie fast zehn Jahre älter aus. Dabei war sie erst 17 Jahre alt. Einige junge Mädchen, die Zeliha nahestanden, durften mit zum Friseur und sich ebenfalls dort zurechtmachen lassen. Asuman war natürlich dabei und die anderen Cousinen ebenso. Aber Feride ließ sich die Haare nicht frisieren. Sie kaufte sich auch kein Festkleid wie viele der anderen unverheirateten Mädchen und Frauen. Zeliha zog die Augenbrauen hoch, als sie Feride sah, aber sie sagte nichts. Sie wusste, was Feride entgegnen würde.

Der Mittwoch war für das Auftragen und die Verteilung von Henna vorgesehen. Man nannte diesen Tag deshalb „kına gecesi“, die „Hennanacht“. Hierbei bekamen die Anwesenden etwas Henna in die Faust. Feride ließ sich die Hände nicht gerne bemalen, denn sie wusste, dass sie für ihre Hennahände in der Schule in Deutschland unter Erklärungszwang stehen würde. Aber das nahm sie diesmal in Kauf.

Von immenser Bedeutung war die offizielle Übergabe der Geld- und Goldgeschenke. Eine ältere Frau namens Emine mit besonders schriller Stimme war für die Präsentation prädestiniert. Dabei wurde das jeweilige Geschenk für alle sichtbar hochgehalten und unter namentlicher Nennung des Schenkenden ausgerufen. Geldscheine wurden an das Brautkleid angeheftet. Die Zuwendung würde nach ungeschriebener Konvention bei nächster Gelegenheit durch eine entsprechende Gegenleistung erwidert werden. Man schuldete sozusagen dem Schenker ein Geschenk von vergleichbarem Wert. Gemurmel und bewunderndes Raunen waren zu hören, wenn größere Beträge oder besonders prachtvolle Goldstücke in den Besitz der Braut übergingen. Am Ende dieses feierlichen Rituals konnte man Zelihas Reichtum bestaunen. In diesem Moment vergaß man natürlich, welche Höhen der Anteil an den Hochzeitskosten für die Familien des Brautpaares erreicht hatte.

Am letzten Donnerstag schließlich war der entscheidende Tag der „Brautübergabe“ („gelin alması“). Am frühen Nachmittag traf man sich am Haus der Familie des Bräutigams. Zelihas Bräutigam hieß Mehmet. Er war der Sohn einer wohlsituierten Familie. Nach der Rückkehr aus dem Militärdienst hatte er eine Arbeit in der Papierfabrik in der Nähe gefunden und erhielt einen ordentlichen Lohn. Zeliha kannte Mehmet vom Sehen und hatte ihn einige Male unter vier Augen sprechen dürfen. Bei diesen kurzen Treffen war immer ein Angehöriger in der Nähe des Paares. Denn sonst hätten Gerüchte von einem vermeintlichen intimen Kontakt der beiden in Umlauf kommen und Zelihas Ruf verunglimpfen können. Ein solches Risiko wollte niemand eingehen.

Vor dem Haus des Bräutigams war für musikalische Begleitung durch eine zu diesem Zweck engagierte Truppe von Straßenmusikanten mit zwei Bauchtänzerinnen gesorgt. Die Männer des Dorfes amüsierten sich dabei ausgezeichnet. Bei den Frauen im Dorf jedoch erzeugten die Bauchtänzerinnen mit ihrer schamlosen Freizügigkeit Eifersucht und Wut. Auch Feride konnte sich an den Anblick der gierigen Männer und der Tänzerinnen, die ihre erotischen Reize zur Schau stellten, um Geldscheine angehängt zu bekommen, nicht gewöhnen – auch wenn das keine Seltenheit bei einer Hochzeitsfeier in Akdere war.

Der Bräutigam wurde zeremoniell eingekleidet. Ihm stand ein ausgewählter junger Mann – meist ein Freund – zur Seite, der „sadıç", der sein Wegbegleiter war und eine Art „männliche Brautjungfer" darstellte. Er wurde ähnlich elegant zurechtgemacht. Als der Bräutigam und sein Begleiter bereit waren, setzte sich der Zug Richtung Haus der Braut in Bewegung.

Braut und Bräutigam fuhren in einem prächtig geschmückten Auto. Das Auto gehörte Ferides Vater, der es dem Brautpaar zu diesem Zweck ausgeliehen hatte. Ali war ein sehr gutmütiger Mensch – wie hätte er nein sagen können? Der weiße Opel rundete das prachtvolle Erscheinungsbild des so wichtigen Ereignisses ab. Bei der Familie der Braut angekommen, war es Brauch, eine Art Zoll („dürü atmak") zu zahlen.

Mit einem feierlichen Zug wurde Zeliha in ihr neues Zuhause gebracht. Es bildete sich ein Autokorso, der sich in langsamem Tempo und laut hupend vorwärtsbewegte. Einige Tage vorher schon war der für das Brautpaar vorgesehene Bereich nicht nur mit neuen Möbeln eingerichtet, sondern exklusiv dekoriert worden. An den Wänden und quer über einer Leine im Zimmer wurden atemberaubend schöne Handarbeiten ausgestellt, die von der Mutter und anderen weiblichen Familienangehörigen und auch von der Braut selbst mit viel Mühe und Herzblut angefertigt worden waren. Im Gegensatz zu Feride, die sich absolut nicht für Handarbeit interessierte, stand Zeliha nicht nur mit Leidenschaft dahinter, sondern hatte zudem ein Händchen dafür. In den vergangenen Jahren war unter ihren geschickten Händen so einiges an ästhetischen Objekten zusammengekommen. Diese standen nun zur Besichtigung für die Frauen bereit. Wer mochte, konnte ein- und ausgehen und die Früchte des Fleißes der Braut bestaunen. Zeliha hatte bei ihren Handarbeiten großen Ehrgeiz an den Tag gelegt. Denn jede Familie war bestrebt, für gute Nachrede zu sorgen. Und bei dem Vergleich, den man gerne in der kleinen Dorfgemeinschaft anstellte, wollte man groß herauskommen oder zumindest nicht zum Gespött der anderen werden.

Der Bräutigam kam erst zur Hochzeitsnacht ins Haus. Zuerst ging er, stets begleitet von der männlichen Fraktion der Hochzeitsgesellschaft, zum gemeinsamen Gebet in die Moschee, um sich den Segen Gottes für den bevorstehenden Höhepunkt und selbstverständlich für die Ehe zu holen. Während er sein Haus betrat, wurden Koranverse gesungen. Die Nacht der ersten intimen Zusammenkunft des Brautpaares war im Dorf von immenser Bedeutung. Nicht nur die sexuelle Potenz des Mannes stand auf dem Prüfstand – besonders die Jungfräulichkeit, die „Reinheit" der jungen Frau galt es zu bestätigen. Wurde früher noch das blutbefleckte Tuch als Beweis für die Entjungferung gefordert, wurde dieser Brauch inzwischen nicht mehr gepflegt, so dass sich Zeliha dieser entwürdigenden Forderung nicht mehr stellen musste.

Am Freitagmorgen waren die Hochzeitsfeierlichkeiten vorbei, und das Dorfleben ging wieder seinen normalen Gang. Für Feride aber bestätigte sich insgeheim an diesem Tag ihre Entscheidung, in einer solchen Zeremonie niemals die Hauptdarstellerin zu werden.

Gymnasium – prägende Momente

Zurück in Deutschland, stand für Feride wieder die Schule im Mittelpunkt. Ihrem durch Fleiß angeeigneten Wissen konnte Feride dort nicht immer Ausdruck verleihen. Ihr schwaches Selbstbewusstsein stand ihr im Weg, ließ sie schüchtern und unsicher wirken. Meist war daher der erste Eindruck, den ihre Lehrer von ihr gewannen, der einer eher mittelmäßigen oder sogar leistungsschwachen Schülerin. Auf Ferides Gymnasium gab es außer ihr nur noch zwei Ausländerkinder in den höheren Klassen – ein indisches Mädchen und ein türkischer Junge. Feride sah sie manchmal in den Pausen auf dem Schulhof, kam aber nie mit ihnen ins Gespräch. Interessiert hätte es sie schon, welche Erfahrungen sie mit ihren Klassenkameraden machten und wie ihre Lehrer sich ihnen gegenüber verhielten. Aber sie traute sich nicht, sie anzusprechen.

Dass sie aufgrund ihres ausländischen Aussehens und ihrer Schüchternheit unterschätzt wurde, musste Feride auf dem Gymnasium häufiger erfahren. So zum Beispiel im Chemieunterricht bei Frau Kessler, einer rothaarigen, hektischen und lauten Mittvierzigerin. Sie war so verblüfft über das sehr gute Ergebnis von Ferides schriftlicher Arbeit, dass sie dies unverblümt in der Klasse artikulierte: „Du hast eine Eins geschrieben! Ich bin total überrascht. Das hätte ich von dir gar nicht erwartet, so still wie du bist!" Feride wurde rot vor Scham und Freude. Aber durch Frau Kesslers lobende Worte verlor sie nicht gerade ihre Hemmungen. Im Chemieunterricht tat sie sich nach diesem Vorfall mit den Wortmeldungen noch schwerer als zuvor.

Es gab aber auch Lehrer, die Feride sehr mochte. Dazu gehörten der Französisch- und der Lateinlehrer. Interessanterweise unterrichteten beide auch Religion. Feride besuchte den Religionsunterricht nicht. Herr Müller, der Lateinlehrer, bat Feride einige Male jedoch, im Unterricht für Fragen zur Verfügung zu stehen, als sie den Islam durchnahmen. Feride wusste schon, dass die Stellung der Frau und das Kopftuch thematisiert würden. Sie hatte ja ihren eigenen Standpunkt dazu und wusste, dass es, wie auch im Christentum, zeit- und epochenabhängige Schwachstellen gab, die nicht mit einem Schlag beseitigt werden konnten. Diese stellten jedoch in ihren Augen die eigentliche Botschaft, die im Grunde im Sinne des Menschen und somit auch der Frau war, nicht in Frage.

Ihr Lateinlehrer war es auch, der sie zu einem Hochbegabtentest anmeldete. Feride war damals 16. Zwar war sie geschmeichelt, aber auch ein bisschen erschrocken, als er ihr das mitteilte. Sie fühlte sich sehr geehrt, doch konnte sie nicht glauben, dass sie „hochbegabt" sei. Allein das Wort schon hörte sich in ihren Ohren fremd an. Eher fühlte sie sich unterlegen als herausragend. Doch sie dachte sich: Was kann ich dabei schon verlieren? Also stellte sie sich der Prüfung.

An den Ort kann sie sich heute nicht mehr erinnern, aber daran, dass die Prozedur in einem stilvollen Altbau mit hohen Decken stattfand. Es war ein imposantes Gebäude, was der Atmosphäre eine gewisse Sterilität und Abgehobenheit verlieh. Irgendwie fühlte sich Feride darin verloren. Ob die anderen Teilnehmer auch so empfanden? Die Kandidaten wurden in einen hörsaalähnlichen Raum geführt, in dem, in Ebenen versetzt, Sitzbänke und Tische standen. Feride nahm in der mittleren Reihe Platz. Die Prüflinge wurden absichtlich weit auseinandergesetzt. Feride spürte, wie sich alles in ihr zusammenzog. Ihr Herz klopfte schnell und hart, als ob es wegrennen wollte. Was forderte man von ihr? Sollte sie ihnen beweisen, dass sie ein Genie war? Aber das war sie doch nicht! Hatte sie das jemals behauptet? Unter denen, die hier waren, waren bestimmt einige, die es verdienten, „entdeckt" zu werden. Doch sie konnte weder auf Kommando ihr Gehirn beschleunigen, noch war sie zu mathematisch-logischen Hochleistungen fähig oder in der Lage, komplexe Texte in der ultrakurzen Zeit und unter diesen Bedingungen zu verstehen. Jeden Satz las sie wieder und wieder – und trotzdem begriff sie den Sinnzusammenhang nicht. Sie fühlte, wie Angst in ihr hochstieg. Es kam ihr vor, als ob sie der deutschen Sprache nicht mehr mächtig wäre. Sie war völlig blockiert, wie benebelt. Mit äußerster Anstrengung gelang es ihr, trotzdem einige Sätze zu den gestellten Aufgaben zu Papier zu bringen. Die Prüfungszeit schien dahinzurasen und sich gleichzeitig ins Unendliche zu dehnen.

Als das Ende der Prozedur verkündet wurde, wusste sie, sie würde nicht zu denen gehören, die ihre Kandidatur verdient hatten. Eher hoffte sie, sich nicht zu sehr blamiert zu haben. Sie würden sich bestimmt sehr wundern, warum man sie für würdig gehalten hatte, an dieser Prüfung für Auserwählte teilzunehmen. Nie würde sie sich selbst in den Reihen der Elite sehen. Sie wusste, dass sie für ihren Erfolg viel hatte tun müssen – und noch viel tun musste. Ihre Vorstellung von Hochbegabten war, dass diese besondere Spezies sich nicht anstrengen musste, dass diesen Menschen der Erfolg einfach in den Schoß fiel. Zudem glaubte sie, dass Hochbegabte grundsätzlich aus einem anderen sozialen Milieu kamen und andere Möglichkeiten zur Entwicklung ihrer Talente genossen hatten. Also passte sie auch nach diesem Kriterium nicht zu ihnen – da war sie sich sicher.

Als die Testergebnisse bekannt gegeben wurden, war Feride nicht enttäuscht. Dies war zwar eine Niederlage – aber eine, die sie erwartet hatte. Insgeheim war sie sogar ein bisschen erleichtert, dass der Test ihr „Normalsein" bescheinigt hatte. Wenigstens dieses eine Mal gehörte sie einfach zur breiten Masse dazu, und ihre Nationalität interessierte dabei niemanden.

Sprachen: ein Tor zur Welt

Sprachen waren für Feride wichtig. Sie schienen ihr wie ein Tor zur Welt, oder besser: zu vielen Welten, die sie noch entdecken wollte. Englisch, Französisch, Latein – sie liebte Fremdsprachen und ging richtig darin auf. In der Oberstufe wählte sie daher auch als Leistungsfächer Englisch und Französisch. Um für die Schule zu üben, führte sie nicht selten Selbstgespräche auf Englisch oder Französisch – unter der Dusche oder wo sie sonst nicht gehört werden konnte. Ein Aufenthalt im Ausland zur Verbesserung ihrer Sprachkenntnisse wäre für sie nicht nur aus Kostengründen nicht infrage gekommen, wobei unter ihren deutschen Mitschülern auch nur wenige diesen Luxus genossen.

Beim Erlernen einer Sprache machte Feride eine faszinierende Erfahrung. Hatte sie sich lang genug damit vertraut gemacht, kam irgendwann der Moment, wo die Barriere zwischen Subjekt und Objekt, dem Lernenden und dem zu Erlernenden schwand. Es war, als ob sie mit der Fremdsprache verschmölze, sie nicht mehr als fremd empfände, sondern als Teil ihrer selbst. Dann drang die neue Sprache sogar in ihre Träume ein, sie unterhielt sich mit den Figuren der Traumwelt auf Französisch, wies einen Angreifer auf Englisch zurecht, kommentierte eine Szene auf Deutsch oder bediente sich des Türkischen, um tiefe persönliche Gefühle auszudrücken.

Auch die stillen Gebete zu Gott sprach Feride spontan auf Türkisch, wobei sie die Suren, mit denen sie ihre Fürbitte ausschmückte, auf Arabisch rezitierte – so wie sie es in der Koranschule in Offenbach und im Sommer in Akdere gelernt hatte.

Abiturprüfung

Die Nacht vor der Abiturprüfung hatte Feride nicht gut geschlafen und war ganz früh auf den Beinen. Sollte sie schnell noch über ihre Notizen schauen? Nein, lieber nicht. Das würde sie nur verunsichern. Sie hatte sich doch wahrhaftig oft genug mit dem durchgenommenen Stoff auseinandergesetzt, mehrmals Essays zu den abgehandelten Themen geschrieben und unzählige Male Vokabeln wiederholt. Einen ganzen Karton voller Bücher hatte sie in den Sommerurlaub in die Türkei mitgeschleppt.

Sie waren eine kleine Gruppe Abiturienten, die die Prüfung ein halbes Jahr vorgezogen hatte. Es war Marias Idee gewesen. Hoffentlich war es eine gute Entscheidung.

Dass die Atmosphäre anders sein würde als bei den Klassenarbeiten, war zu erwarten. Alles war sehr offiziell und unpersönlich. Denn es war nicht mehr die Sache dieser Schule, sondern quasi eine „Staatsangelegenheit". Mit dieser Prüfung qualifizierte man sich für ganz Deutschland und sogar für das Ausland. Also stand einiges auf dem Spiel. Alles musste korrekt ablaufen, jegliche Unrechtmäßigkeiten galt es abzuwenden. Das geistige Produkt dieses Moments war entscheidend für die abschließende Bewertung eines großen Bildungsabschnitts, an der Schwelle zur nächsten entscheidenden Lebensphase.

Die Prüflinge wurden weit auseinandergesetzt, außerdem waren Trennwände auf den Tischen als Sichtschutz aufgestellt. Zwei Lehrkräfte waren anwesend, eine davon kannte Feride nicht. War sie überhaupt von ihrer Schule und war sie als Aufsichtsperson speziell für die Prüfung gekommen?

Was würde wohl drankommen? Hatte sie auch das Richtige gelernt? Warum dauerte es denn noch? Wann würden denn endlich die Aufgabenblätter ausgeteilt? Musste man sie auf die Folter spannen? Der Adrenalinstoß breitete sich in ihrem Körper aus. Konnte man ihr Herz hören? Hoffentlich hörte das Rumoren im Bauch bald auf! Und endlich kam der Moment der Wahrheit, das Geheimnis lüftete sich. Feride fiel ein Stein vom Herzen, als sie die Fragestellung las: „Le régionalisme en

France“. Sie fing an zu schreiben und schrieb und schrieb und schrieb.

Dass sie die Rahmenbedingungen schon kannte, minderte ihre Aufregung bei der Englischprüfung um höchstens einen Punkt auf der Skala, würde man sich eine solche von eins bis zehn vorstellen. Sie spürte das Blut in ihren Adern genauso stark pochen wie zuvor. Erleichtert war sie, als sie das Prüfungsthema erfuhr. Es ging um den Konflikt eines Bildungsaufsteigers aus der Arbeiterschicht am Beispiel von John Osbornes Theaterstück *Look Back in Anger*. Mit diesem Themenkomplex hatte sie sich zum Glück ausreichend auseinandergesetzt und es fiel ihr nicht schwer, einen entsprechend fundierten Text zu Papier zu bringen.

Sie war dankbar, nicht mit etwas völlig Fremdem konfrontiert worden und keinem Blackout erlegen zu sein, wie das ja durchaus sein konnte in solchen Situationen, in denen der Körper in einen Alarmzustand versetzt wurde, aber eine Fehlschaltung eine Niederlage mit äußerst ungünstigen Folgen bedeuten konnte.

Hatte sie es gut gemacht? Hoffentlich waren ihr keine dummen Fehler unterlaufen. Nicht, dass die Prüfer etwas anderes lesen wollten, als sie geschrieben hatte! Denn es war ihr klar, von wie vielen Faktoren das Ergebnis abhing und wie schnell man scheitern konnte.

Tagebuch

11. Dezember 1980

Gestern habe ich mein Abitur komplett hinter mich gebracht. Es war der 10.12.80, als ich um 9:20 Uhr für den letzten Teil, nämlich die mündliche Prüfung in der Schule angetreten bin. An dem Tag war ich um 6:50 Uhr aufgestanden, weil ich noch meine Notizen über „die historischen Daten und bedeutenden Ereignisse in der DDR" wiederholen wollte. [...] Die erste Frage lief ganz gut. Aber bei der zweiten Aufgabe war ich ehrlich gesagt nicht sehr zufrieden mit mir. Der Lehrer hat mich mittels Fragen zu bestimmten Kernaussagen hingelenkt. Deswegen war ich auch sehr nervös, ich konnte irgendwie meine Gedanken nicht ordnen und wußte nicht genau, was ich gesagt habe. Die dritte Aufgabe war mir, so glaube ich, gut gelungen. Am Ende haben die vor mir sitzenden Lehrer gelächelt. Ein Zeichen dafür, daß es nicht sehr schlecht gewesen sein kann. Ich bin also hinausgegangen und sah Christa und Maria auf mich warten. Als ich Christa erzählte, daß ich sehr nervös und durcheinander gewesen war, tröstete sie mich mit den Worten, ich solle es nicht so eng sehen, das hätte sie von jedem Prüfling gehört, es sei normal, ein schlechtes Gefühl zu haben. Endlich kam mein Gemeinschaftskundelehrer aus dem Prüfungssaal. Ich fragte ihn nach seinem Eindruck und ob ich auf 11 Punkte kommen würde. Er sagte, das Ergebnis sei gut, und grinste unterschwellig. Danach kam mein Lateinlehrer heraus und rief mich zu sich. Er flüsterte mir zu, daß ich 13 Punkte bekommen hätte. Gott, habe ich mich gefreut! Insgesamt würde ich mit 779 Punkten auf einen Durchschnitt von 1,3 kommen!

Je mehr ich mir dieses Ergebnis vor Augen führe, werde ich mir dessen erst bewußt und kann es gar nicht fassen. Denn die Vorbereitung war dermaßen anstrengend, die Angst und Unsicherheit waren so groß, daß ich es erst gar nicht begreifen konnte, mit einem Mal fertig zu sein – und zwar erfolgreich! Meine Eltern haben sich natürlich wahnsinnig gefreut, mein Vater ist so stolz auf mich!

TEIL II
Erwachsen werden

Medizinstudium

Eine Abiturfeier gab es für Feride nicht, da sie die Prüfung nicht zum regulären Termin gemacht hatte. Sie vermisste eine solche Feier auch nicht, weil sie nicht wusste, dass so etwas groß gefeiert wurde. Ihre Gedanken waren schon längst von ihrem nächsten Ziel ergriffen: dem Medizinstudium. Würde sie angenommen werden? Sie hatte sich nur an der Goethe-Universität in Frankfurt beworben. Ein Studienplatz weiter weg von zu Hause würde ein echtes Problem darstellen oder gar nicht erst in Frage kommen.

Ihre Chancen standen gut: Denn Feride hatte nicht nur ein sehr gutes Abitur, sondern bekam noch einen sogenannten „Ausländerbonus" von 0,4. Damit konnte sie sich mit einem Notendurchschnitt von unter 1 auf einen Studienplatz bewerben. Was für eine unbeschreiblich große Freude war es, als der Annahmebescheid von der Universität kam! Sie durfte studieren, und zwar das, was sie seit der Kindheit anstrebte: Medizin.

Ferides Entscheidung für das Medizinstudium war auch eine Entscheidung dagegen, Fremdsprachen zu studieren. Doch sie war sich sicher, die ihr so wichtige Welt der Fremdsprachen dadurch nicht zu verlieren. Ihrer Neigung für Sprachen musste sie nicht unbedingt durch ein Studium Geltung verschaffen – Sprachen konnten auch für ihren Beruf als Ärztin einen Nutzen haben, dachte sie. Dadurch würde sie einen besseren Zugang zu Patienten einer bestimmten Herkunft erhalten.

Die erste Zeit an der Uni war hart für Feride. Zwar gab es Erstsemesterveranstaltungen, die den Studierenden etwas Orientierung geben sollten. Trotzdem fühlte sich Feride anfangs ziemlich allein und verloren im Hörsaal und der riesigen Bibliothek. Doch bald schon hatte sie Kontakt mit anderen Studentinnen und Studenten. Mit einer Kommilitonin entwickelte sich sogar eine tiefe Freundschaft: Katajun, die Tochter einer Lehrerin und eines Autohausbesitzers, war zum Studieren aus dem Iran gekommen. Katajun und Feride verstanden sich auf Anhieb außerordentlich gut miteinander, denn sie waren sich ziemlich ähnlich in ihrem Lerneifer und auch in ihrer zurückhaltenden Art. Feride half ihr mit Deutsch. Außerhalb der Lehrveranstaltungen waren sie meistens in der Bibliothek und lernten. Doch kam Katajun auch in ihrer Freizeit zu Feride nach Hause. Ferides Eltern liebten sie. Katajun sagte „anne“ und „baba“, also „Mutter“ und „Vater“, zu Gülüzar und Ali. Manchmal übernachtete Feride auch bei Katajun im Studentenwohnheim, wo ihre Freundin ein winzig kleines Zimmer hatte. In der Umgebung von iranischen Studenten, deren Mentalität der türkischen ähnlich war, fühlte sich Feride nicht fremd.

Wenn das Gymnasium schon viel von Feride verlangt hatte, so war das Medizinstudium ein noch viel härterer Parcours. Vor allem waren die Dimensionen riesig, die Strukturen diffus. Man musste sich selbst einen Plan machen und sehr zielgerichtet vorgehen, um sich nicht nur in dem riesigen Gebäudekomplex, sondern vor allem im Dickicht des Curriculums zurechtzufinden. Nur mit Disziplin und Konzentration konnte man sich das unendliche Wissen aneignen, das in den Tests abgefragt wurde. Hatte man die notwendigen Scheine zusammen, kam man ins nächste Semester.

Eine ganz besondere Hürde stellte das Physikum dar, das nach vier Semestern abgelegt wurde und über das weitere Schicksal entschied: Durfte man weiterstudieren oder musste man seinen Traum vom Arztberuf an den Nagel hängen? Von dieser knallharten Prüfung ging ein enormer Selektionsdruck aus, der die Stimmung unter den Studentinnen und Studenten schon sehr früh bestimmte.

Tagebuch

6. November 1981

Ich bin nun im zweiten vorklinischen Semester und besuche die beiden verbindlichen Kurse in Physik und Chemie. In Physik komme ich wider Erwarten besser zurecht als in Chemie. Leider habe ich das Pech, einem Professor zugeteilt zu sein, dessen Person bei der Studentenschaft erheblich in Verruf geraten ist. Sein autoritäres Erscheinen scheint wie ein Schauer den Studenten über den Rücken zu laufen.

Im Unterschied zum ersten Semester ist die plötzliche Ausgerichtetheit auf das Physikum, das nach weiteren zwei Semestern auf uns zukommt, auffallend. Es ist eine stark auseinanderklaffende Diskrepanz zwischen dem ersten und dem zweiten Semester festzustellen, was meines Erachtens auf der Hilflosigkeit und „Verlorenheit" der Studenten fußt. Das erste Semester war bestimmt von der grenzenlosen Freude eines jeden Studenten, sich „Student" nennen zu dürfen, und zwar in einem Fach, das man sich schon immer erträumt und auf das man so lange Jahre hingearbeitet hatte. Es war die Knüpfung neuer Kontakte, neuer Freundschaften; es war der Enthusiasmus, auf jeden zuzugehen, die überschwängliche Gefühlsbeladenheit; es herrschte eine feierliche Stimmung. Denn man hatte einen „Berg" bestiegen und genoß nun dieses Erfolgserlebnis.

Plötzlich ist aber eine Phase da, die mir das Gefühl gibt, keinen festen Boden unter den Füßen zu haben. Ich komme mir so verloren vor. Ich habe Angst, die Anforderungen der Vorklinik, subsumiert unter dem Begriff „Physikum", nicht erfüllen zu können. Ich vergegenwärtige mir den enormen Lernstoff und die knappe Zeit, die mir zur Verfügung steht. Womit soll ich beginnen? Wie soll ich den unermeßlich großen Umfang an Wissen angehen? Ja, es sind diese strukturellen Probleme, deren Lösung der Schlüssel zum Erfolg ist.

Ich habe auch erkannt, daß ich mich auf Kommilitoninnen ausrichte, deren Arbeitstechnik mir nicht liegt. Doch darf ich mich nicht von anderen beeindrucken lassen. Will ich mein Studium erfolgreich durchziehen, so muß ich dies innerhalb meiner eigenen Möglichkeiten und Schranken, innerhalb meiner „Welt" tun.

Der erste Punkt, den ich festhalten sollte, ist die Notwendigkeit, mir ein „Grundkonzept" zu erarbeiten, das mir eine gewisse Systematik in meiner Vorgehensweise ermöglichen kann. Ich muß mir also überlegen, welche Fächer ich zunächst abhandeln sollte. Seit ungefähr einer Woche gehe ich nicht mehr in die Vorlesungen, denn ich erkannte, daß der Zeitaufwand im Vergleich zum Profit zu groß war, und so beschloß ich, die Zeit möglichst mit konzentrierter Wissensaneignung aus Büchern auszufüllen. Ich gehe also in die Bibliothek und lerne dort.

An dieser Stelle möchte ich mir vor Augen führen, daß ich mir nicht von einer pessimistischen Haltung hinsichtlich der Bewältigung des Stoffes den Weg zum Erfolg blockieren sollte. Sollte ich Schwierigkeiten bemerken, so muß ich es immer als Herausforderung an mein Können bewerten, diese zu überwinden. Ich muß jederzeit mein Selbstbewußtsein und Selbstvertrauen für das anspruchsvolle Studium wahren. Denn auch das Studium ist ein „Berg" im Leben, den es gilt, mit Gottes Hilfe zu erklimmen.

1. Oktober 1982

Heute ist der letzte Tag der Semesterferien, so daß ich am kommenden Montag das vierte Semester antreten werde. Eben dieses Semester entscheidet über den Übergang von der Vorklinik in den klinischen Bereich. Das vorklinische Studium ist gewissermaßen eine Einführung in die Medizin. Es impliziert eine schwierige Phase für einen Studenten, der nun einen bedeutenden Wendepunkt seines Lebens erlebt. Das Verlassen des Gymnasiums als letzte Stufe eines Schulbetriebs bringt ihn vor das Tor der Universität, dessen Öffnung die Bereitschaft für eine Umstellung auf ein neues System, auf einen neuen Umgang abverlangt. Ist das Tor einmal geöffnet, so ist zwar der erste Schritt getan, doch muß man sich nun im Inneren des Gebäudes zurechtfinden, um immer weiter vorzudringen und sich dem gesetzten Ziel immer mehr zu nähern.

Zurzeit ist das Physikum der determinierende Faktor für das Fortschreiten in den großen Gängen des Gebäudes. Erst wenn ich diese Prüfung bestehe, werde ich mich als Medizinstudentin mit Zukunftschancen, sprich: als angehende Ärztin betrachten können.

9. April 1983

Ich habe das Physikum bestanden! Jetzt kann ich mit neuem Schwung an mein Studium herangehen.

Doch manchmal halte ich inne und frage mich, warum ich eigentlich Ärztin werden will.

Ich finde, die meisten Mediziner unterliegen dem Helfersyndrom. Sie meinen, in gesundheitlichen Nöten unentbehrlich zu sein. Ihre eigene Gesundheit mögen sie zuweilen vernachlässigen – für die anderer fühlen sie sich umso mehr verantwortlich. Auch wenn sie nur selten heilen und es oft um Schadensbegrenzung und Leidenslinderung geht, ist ihr Wirken wichtig. Es sind kleine oder große Erfolge, mit denen sie Betroffenen zu einer besseren Lebensqualität verhelfen können. Zum Beispiel wird dies deutlich im Falle von Verstümmelungen, bei denen fähige plastische Chirurgen unglaublich gute Ergebnisse erzielen können, nicht nur in ästhetischer, sondern auch in funktioneller Hinsicht. Und das ist für einen Arzt äußerst beglückend. Dank der Fortschritte in der Medizin ist die Lebenserwartung der Menschen gestiegen.

Sicher fühle auch ich mich von der Euphorie des Helfens angezogen. Und von der Macht, die davon ausgeht? Denn als Helfer ist man in der Position der Stärke, der Überlegenheit. Der Hilfsbedürftige ist in seiner Situation vom Arzt abhängig. Will ich durch den Arztberuf meine frühere Position der Schwäche kompensieren?

Ein guter Arzt zu sein wird belohnt durch Anerkennung, was Befriedigung verleiht und das Leben mit Sinn erfüllen kann. Kaum ein anderer Beruf erkennt demjenigen, der ihn ausübt, Befugnisse zu, die die Existenz tangieren. Ein Arzt hat manchmal das Leben eines Menschen in der Hand. Er hat Macht. Der Patient schenkt ihm sein Vertrauen, liefert sich ihm aus. Dafür übernimmt der Behandelnde Verantwortung für sein Tun. Manchmal ist sein Handeln durch die letale Prognose der Krankheit zum Scheitern verurteilt. Zu erkennen, daß er das Schicksal nicht hätte abwenden können, ist nicht immer einfach. Das Gewissen, wenn auch oftmals unberechtigt, plagt sicher jeden Arzt, wenn sein Patient verstirbt.

Ein Arzt wird mit unzähligen Menschen konfrontiert, die sich alle voneinander unterscheiden. Jeder Mensch, der als Patient dem Arzt gegenübertritt, ist ein Individuum. Er ist eingespannt in eine soziale Umwelt. Die gesellschaftsspezifische Zuordnung schlägt sich in den Krankheiten nieder. Ein wirklicher Arzt gewinnt Einblick in die Häufigkeiten und Kategorien der körper-

lichen sowie seelischen Leiden in Bezug auf die gesellschaftliche Situation.

Jedoch möchte ich auch der Tatsache Bedeutung beimessen, daß nicht nur der gesellschaftskritischen Perspektive Achtung gebührt, sondern auch die hintergründigen, metaphysischen Zusammenhänge, auch Fragen nach dem Sinn des Lebens, überhaupt nach der Definition des Seins das Interesse des aufmerksamen, seinen Beruf mit Überzeugung und Ernst ausführenden Mediziners fesseln. Letztendlich machen diese letztgenannten Faktoren das persönliche, emotionelle und geistige Wohlbefinden aus. Ein Arzt verfügt über die Möglichkeit, den Menschen in seinem physischen und psychischen Dasein, in seinen Eigenschaften als Mensch, unabhängig von seinen seitens der Gesellschaft zugewiesenen Komponenten zu erfassen. Ein wirklicher Arzt entdeckt die Nähe und die Zugänglichkeit der Menschen zueinander. Jeder Mensch, ob arm, ob reich, unabhängig von seiner Rasse, seiner Farbe und Nationalität steht im Besitz der Besonderheiten, die allen Menschen eigen sind. Der Körper in seiner Perfektion ist eine Einmaligkeit.

Doch wird dieser Körper, diese so korrekt und koordiniert arbeitende Maschinerie vervollständigt von einem Element, das man als Seele bezeichnet. Jenes Konstrukt entzieht sich jeder definitiven Erklärbarkeit und erreicht das höchste Maß an Verständnis, wenn man sich auf Gott und dessen Allmächtigkeit beruft.

Der Zugang zu den Menschen bedeutet die Konfrontation mit unterschiedlichen Wertvorstellungen und Lebensphilosophien. Diese Auseinandersetzung wiederum bietet die Gelegenheit, eine gewisse Menschenkenntnis zu erlangen und dabei bestimmte Feinheiten zu erschließen, die im Umgang mit Menschen und somit im Leben eine Orientierung geben. Hält man sich diese Erkenntnis vor Augen, so läßt sich die Behauptung stützen, daß die praktische Medizin im Dienste aller Menschen steht und eine bessere Basis für die Erweiterung der Menschenkenntnis und des Weltverständnisses zur Verfügung stellt, als wenn man in der Welt herumreisen würde, um sein Wissen und seine Perspektive zu erweitern. Demnach ist die ärztliche Tätigkeit ein lebendiger, dynamischer und vor allem ein hochgradig ernstzunehmender Beruf, denn man bedenke, wie viele Menschen zum Arzt kommen, um dessen Hilfe in Anspruch zu nehmen. Gibt es etwas Schöneres, als einem Menschen zu helfen? Gibt es eine höhere Form der menschlichen Erfüllung, als auf diese Weise Dank zu erwerben? Deswegen verlangt der ärztliche Beruf sehr viel Hingabe, Sorg-

falt und vor allem Verantwortungsbewußtsein. Jedoch ist die wichtigste Komponente der Respekt vor dem Patienten als Mensch und als Werk Gottes.

Krise und Selbstfindung

Mit etwa Mitte 20 geriet Ferides Selbst- und Weltsicht aus den Fugen. Wenn sie zu Hause oder in der Bibliothek über ihren Medizinbüchern saß, schweiften ihre Gedanken immer häufiger ab. Sie fragte sich: Was mache ich hier eigentlich? Will ich in ein paar Jahren wirklich in die Türkei zurück, wie es meine Eltern planen? Von Jahr zu Jahr war der Entschluss der Rückkehr verschoben worden, da sich weitere Zielsetzungen ergaben und sich neue Chancen boten. Davon versprach man sich bessere Bedingungen für den dortigen Neustart. Plötzlich hinterfragte Feride die bis dato unverrückbare Überzeugung, all die Jahre nur in einem provisorischen Status gelebt zu haben, ausgerichtet auf die Vision, das eigentliche Leben in der Türkei zu beginnen. Wie konnte man ausschließlich auf das programmierte Ziel gedrillt sein, ohne auf andere Einflüsse im Leben zu reagieren? Als Mensch konnte man diese doch nicht einfach ausblenden! Der Spruch „Der Weg ist das Ziel" fiel ihr ein. Das war genau ihre Erfahrung: Der Weg zum gesetzten Ziel verändert einen Menschen. Das initial gesetzte Ziel kann während der Reise dorthin andere Züge annehmen und manchmal kaum noch etwas mit dem Ursprung zu tun haben.

Wer war sie eigentlich? Was wollte sie? Das wirkliche Leben weiter aufschieben? Oder andere Lösungen in Betracht ziehen? Wie wäre es anzufangen, mit allen Sinnen und vollem Bewusstsein zu leben, im Hier und Jetzt? Doch wie könnte sie die beiden Welten in Harmonie zueinander bringen? Wie könnte ihr gelingen, erwachsen zu werden, eine selbstständige Person, mit Mut zu eigenen Entscheidungen? Könnte sie ihre eigenen Meinungen und Vorstellungen auch entgegen den Gegensätzen in der elterlichen Welt durchsetzen? Wie hoch wäre der Preis? Würde sie es wagen, Gefühle ihrer Eltern zu verletzen, Enttäuschungen in Kauf zu nehmen? Gülüzar und Ali waren ihre Eltern, die wichtigsten Personen in ihrem Leben. Aber Feride konnte ihren Lebensweg nicht von ihnen bestimmen lassen. Sie musste und wollte selbst ihr Leben in die Hand nehmen.

Diese bis dahin verdrängten Fragen zwängten sich an die Oberfläche. Die angestauten Gefühle von Wut, Verzweiflung, Ungewissheit, Angst, der Drang nach Veränderung ließen sich nicht mehr unterdrücken. Ja, sie war wütend auf die türkischstämmige Gemeinschaft genauso wie auf die deutsche Mehrheitsgesellschaft. Darauf, mit welchem Absolutheitsanspruch jeweils die eine der anderen Seite gegenübertrat. Und sie hatte Angst vor der Zukunft. Davor, dass ihre Entscheidungen sie ins Unglück treiben und ihren schwer erkämpften Erfolg bedeutungslos machen könnten.

Vor dieser Phase der inneren Konfrontation mit der Wirklichkeit war Ferides Weltbild scheinbar heil. Sie fühlte sich in der türkisch geprägten Welt ihrer Eltern beheimatet. Dieses heile Weltbild bekam jetzt plötzlich tiefe Risse.

Vortrag in Paris

Zu Beginn dieser Zeit ergab sich eine neue Herausforderung für Feride: ihr erster Vortrag auf einer internationalen Konferenz. Den englischsprachigen Vortrag mit dem Titel „Wer bin ich?" hatte sie auf Anfrage eines renommierten Islamwissenschaftlers vorbereitet. Die Konferenz fand in Paris statt.

Ihre Reise in die französische Hauptstadt trat Feride allein an. Ihre Eltern waren nicht einverstanden mit ihrem Vorhaben und hatten versucht, sie mit eindrücklichen Worten davon abzubringen, um sie „vor den drohenden Gefahren zu schützen". Feride ignorierte ihre Sorgen keineswegs, sondern versuchte, ihre Gedanken des schwarzmalerischen Charakters zu entledigen und ihre Ängste zu entkräften. Für ihre Eltern lauerte draußen das Böse, das nicht nur vom Männlichen ausging und ihre Tochter als Angehörige des schwachen Geschlechts bedrohte, sondern sie auch als erfolgreiche, aber unerfahrene und ahnungslose Studentin vom Weg abbringen wollte. Dabei sollte sie sich doch alleinig auf die Medizin konzentrieren; was könnte es Wertvolleres geben? Feride versicherte ihnen, dass sie wusste, was sie tat, und sich nicht so einfach manipulieren lassen würde. Auch würde sie Situationen meiden, die für sie als Frau gefährlich werden könnten. Sie sollten ihr vertrauen.

Zwar hatte sich Feride durchgesetzt, doch so richtig genießen konnte sie die Zugfahrt nicht. Im Tagungszentrum angekommen, hellte Ferides Stimmung sich auf. Es war aufregend, so viele Menschen aus verschiedenen Ländern und Religionsgemeinschaften zu treffen. Der gemeinsame Nenner, „Weltreligionen für den Frieden", schuf eine Atmosphäre der Solidarität und setzte gegenseitigen Respekt voraus.

Als es dann so weit war, holte das Lampenfieber sie doch ein. Bis zu diesem Tag hatte sie noch nicht vor einem Publikum gesprochen, auch in ihrem Studium nicht – schon gar nicht in einer Fremdsprache. Anstelle von Referaten hatte sie schriftliche Hausarbeiten immer vorgezogen, da sie sich damit sicherer fühlte. Nun waren es immerhin mehr als fünfzig Anwesende, denen sie gegenüberstand. Hitze stieg in ihr auf, als ihr Herz das

Blut mit solch einer Schlagkraft und Geschwindigkeit durch ihren Körper pumpte, wie sie es bis dahin nicht gekannt hatte. Im Stillen sagte sie eine Sure auf, wusste aber nicht, ob sie die richtigen Worte getroffen hatte oder nicht. Sie konnte sich darauf nicht konzentrieren. Zum Glück musste sie nicht frei sprechen, sie hatte etwas in der Hand, worauf sie sich stützen konnte. Also gab sie sich einen Ruck und begann, ihren englischen Vortragstext vorzulesen:

My name is Feride Kaya. I was born in Turkey, but Germany is the country where I have been living for more than 20 years ...

Als sie feststellte, dass man ihr aufmerksam zuhörte und die Aufgabe gar nicht so schwer war, wurde sie langsam ruhiger. Dann konnte sie auch ihre Vorsätze abrufen und umsetzen, nicht nur das Papier zu fixieren, sondern auch in die Augen der Zuhörer zu schauen und nicht so schnell zu sprechen.

Vortrag

15. November 1985

Ich bin das Kind einer türkischen Familie und lebe seit nun mehr als 20 Jahren in Deutschland. So war es ein anderes als mein Heimatland, wo meine Schullaufbahn begann und wo ich schließlich mit dem Abitur die Berechtigung zum Studium erlangte. Zurzeit studiere ich Medizin an der Johann-Wolfgang-Goethe-Universität in Frankfurt.

Im Folgenden möchte ich lediglich einen kurzen Einblick in die Erlebnisse und Erfahrungen, Gefühle und Gedanken vermitteln, die ich während meines langjährigen Auslandsaufenthalts gewonnen habe.

Wir gehören zu den ersten türkischen Arbeitnehmerfamilien, denen große Scharen von Türken folgten. Mein Vater kam auf Anwerbung einer deutschen Firma nach Deutschland. Seine Einsamkeit und die Sehnsucht nach uns brachten ihn dazu, uns zwei Jahre später nachzuholen. Viele Familien hatten ein ähnliches Schicksal: Erst nach einer mehr oder minder langen Phase der Trennung kamen sie wieder zusammen.

Das Leben in der Fremde sollte nur für eine kurze Dauer sein. Doch immer wieder verschoben sich die ursprünglich vorgesehenen zeitlichen Grenzen. Der endgültige Entschluß zur Rückkehr wurde von Mal zu Mal schwieriger, denn immer stärker wurden wir in das soziale Gefüge der neuen Umwelt eingebunden.

Der Anfang war schwer. Wir fühlten uns allein und hilflos. Da wir den Kontakt zu Deutschen scheuten, begaben wir uns in einen Zustand der Isolation und mieden die Begegnung mit der fremden Welt um uns herum. Doch bald kamen immer mehr Landsleute nach Deutschland, woraufhin ein geradezu dynamisches Leben zur Entfaltung kam. Feste Beziehungsstrukturen schufen den erforderlichen Boden dazu. Es entstand eine kulturell und spirituell harmonische Gemeinschaft, die sich in dem Bewußtsein verbunden sah, Freunde zu sein in einer Welt, deren soziale Ordnung und Wertvorstellungen die vorhandene Kluft zu vertiefen drohten. Angesichts dieser Überzeugung machten meine Eltern nie einen ernsten Versuch, nähere Beziehungen mit Deutschen einzugehen. Heute, nach nun mehr als 20 Jahren, sprechen sie noch immer kein korrektes Deutsch.

Infolge der physischen und seelischen Entfernung von der deutschsprachigen Umgebung war es mir nicht möglich, mit ausreichenden Deutschkenntnissen als Voraussetzung für schulischen Erfolg die Grundschule zu beginnen. Meine Schwester als ältestes und erstes Kind unserer Familie, das sich der fremden Welt voll „ausgeliefert" sah, mußte schmerzliche Mißerfolge erleben.

Was mich betrifft, so hatte ich es insofern etwas einfacher, als ich von den Erfahrungen meiner Schwester profitierte. Ich nahm die Schule sehr ernst und arbeitete mich mühsam, Schritt für Schritt, hoch. Im Umgang mit unseren Klassenkameraden gerieten meine Schwester und ich nicht selten in unangenehme Situationen. Sehr oft machten sich unsere Schulkameraden über unsere Sprechweise lustig. So amüsierten sie sich zum Beispiel über den falschen Gebrauch von Artikeln. Doch nahmen sie auch anderweitige Auffälligkeiten zum Anlaß, über uns herzuziehen. In meiner kindlichen Sensibilität empfand ich das Verhalten der deutschen Kinder als demütigend. Es verletzte mich zutiefst und wirkte wie ein Trauma auf mein noch nicht entwickeltes Selbstwertgefühl. Als Reaktion darauf baute ich Hemmungen auf, die intensiviert wurden durch den überstarken Vorsatz, eine grammatikalisch einwandfreie Ausdrucksweise zu gebrauchen. Ich hatte die Erfahrung gemacht, daß man als Ausländer in eine Position der Schwäche und Unterlegenheit gedrängt wurde. Man durfte deswegen keine Schwäche zeigen, denn sonst würde man ausgelacht und leicht zur Zielscheibe für die Aggressionen gemacht werden; oder man würde besonders milde und mitleidig behandelt. Jedenfalls würde man nie als gleichberechtigter Partner angenommen werden. Diese Hemmungen als Folgeerscheinung der Angst, durch sprachliche Defizite aufzufallen und zu erniedrigenden Reaktionen Anlaß zu geben, schlugen sich als Minderwertigkeitskomplexe in meinem Bewußtsein nieder und hinterließen tiefe Spuren. Sie erwiesen sich zusätzlich als schwer überwindbare Barrieren in meinem Leben. Der ständige subtile Kampf im Rahmen der Entfaltung meiner Interessen und Fähigkeiten schuf eine Wand zwischen der Außenwelt, die deutsch geprägt war, und der Innenwelt, die die türkische Eigenart bildete. Zu Hause sprachen wir schon seit jeher Türkisch. In dieser meiner Muttersprache suchte ich Schutz, wenn ich mit der deutschen Umgebung nicht zurechtkam. Wir wurden schon als Kinder mit den Problemen sowie Wert- und Zielvorstellungen unserer Eltern, die strikt innerhalb der türkischen Mentalität beheimatet waren, vertraut gemacht und identifizierten uns mit ihnen. Mei-

ne Umwelt betrachtete ich als meiner Identität gegenüber feindlich. Denn ich wußte, daß wir nicht akzeptiert werden konnten, so wie wir waren und lebten.

Man mochte nur die sozialen Verhältnisse begutachten, unter denen wir hausten: Unsere Wohnung war alt und kalt; die Einrichtung bestand aus alten Möbelstücken. Unsere Mütter waren alles andere als „up to date" gekleidet; sie trugen ein Kopftuch und fielen schon dadurch auf in den neugierigen Augen der Deutschen, die sie als sozial und kulturell niedergestellt betrachteten. Das Kopftuch galt als Kennzeichen der traditionell gekleideten muslimischen Frau. Gleichzeitig war es Symbol der Ungebildetheit, Rückschrittlichkeit sowie der Rigidität. Eine Türkin mit Kopftuch – türkische Frauen mit offenem Haar wurden gar nicht mit der Türkei als Ursprungsland in Verbindung gebracht – schien jeglichen Sinn für Ästhetik, Mode oder gar Unternehmensfreude zu entbehren. Sie widersprach somit dem Idealbild einer Frau der westlichen Kultur, die sich emanzipiert und fortschrittlich glaubte. So bot sie sich als Zielscheibe für aggressive Impulse mannigfaltigen Ursprungs geradezu an.

Wie oft begegnete ich Szenen der Beleidigung und Demütigung – gerichtet gegen Menschen, die sich nicht zu wehren verstanden, wobei ihre sprachliche Unzulänglichkeit wohl ihr größtes Handicap darstellte. Diese Vorkommnisse trafen mich sehr. Gefühle wie Abneigung und Wut, die sich manchmal zu Haß steigerten, wurden in mir wach. In der aggressiven Haltung der Umgebung sah ich ein Zeichen von Schwäche. Denn diejenigen, die sich derartige Entgleisungen erlaubten, ließen sich von dem Motiv leiten, ihr Bedürfnis nach Steigerung des Selbstwertgefühls und nach gesellschaftlicher Anerkennung zu befriedigen; dabei mißachteten sie jedoch so denkbar hohe Werte wie Menschlichkeit, Liebe und Respekt vor jedem einzelnen Menschen als Geschöpf Gottes. Die selbstgerechte Arroganz war ein Symbol ihrer persönlichen Oberflächlichkeit und Unbesonnenheit. Sie schienen vollends absorbiert zu sein von dem streng geregelten eintönigen Alltagsgeschehen, welches auf ein kritisches Nachdenken über das Leben und die grundlegende Frage des Seins nicht abgestimmt war.

Diese Erkenntnis war ein besonders relevanter Aspekt in der Verarbeitung meiner schmerzlichen Erfahrungen. Ich sah mich dadurch in meiner Überzeugung bestätigt, mich zu meinem kulturellen Hintergrund zu bekennen und mich auf die wahren Werte des menschlichen Daseins zu besinnen. Denn dieser Weg allein konnte zu einer inneren Balance und Glückseligkeit führen. Ich wollte Mensch sein und andere auch schlicht und einfach als Menschen erfahren – unabhängig von jedweden gesellschaftlichen Etiketten. Ich schämte mich meines türkischen Ursprungs nicht, denn viele der gebrandmarkten Türken waren in meinen Augen bessere Menschen als jene, die auf sie losgingen.

Trotz dieser Einsicht lebte ich mehr oder minder unbewußt mit dem Grundsatz, keinen Zugang zu mir zu lassen, über den sie hätten Einblick gewinnen können in unsere andersgeartete, für sie so fremde und unverständliche Lebensweise. Ich wollte die kulturelle Komponente meiner Persönlichkeit, welche ich geistig und gefühlsmäßig als die mich in meiner nationalen Identität kennzeichnende verinnerlicht hatte, verbergen. In dem Bestreben, sie vor jeder zu erwartenden Kritik und unkontrollierten emotionellen Attacken zu schützen, verschloß ich die Tür zu diesem „meinen" Bereich, um so meine innere Integrität zu wahren. Tief in meinem Herzen fesselte ich mich damit umso mehr an den kulturellen Teil meines Ichs. Der Glaube mit seinen tiefen Wurzeln prägte meine Persönlichkeit; er stärkte mich in meinem Kampf um mich selbst.

Ich habe schon immer den Glauben als Lebensgefährten empfunden. Er begleitete mich jederzeit und an jedem Ort. Er war integriert in mein Leben und gab mir Rat und Antwort in all den schwierigen Lebenssituationen. Mein Glaube ist gewissermaßen eine innere Stimme, die ein gleichsinniges Zusammenwirken von Herz und Verstand abverlangt.

Ich würde mein Ziel verfehlen, erweckte ich den Eindruck, daß meine Begegnung mit Nicht-Muslimen nur von Schmerz und Leid bestimmt war. Einige Worte über meine bedeutungsvollen Erinnerungen an meine Gymnasialzeit mögen diese Überlegungen abschließen. Denn diese Phase war für meine persönliche Entwicklung wesentlich. Gern denke ich an meine nahen Freundinnen zurück, mit denen ich viele Stunden ergiebigen Zusammenseins teilte. Unser Verhältnis war durch die innige Verbundenheit gekennzeichnet. Wir fühlten uns in einem wesentlichen Punkt vereint, nämlich in unserem Glauben an Gott. Ich schätzte sie als Christinnen, so wie sie mir als Muslimin Respekt entgegenbrachten. Die geringen, aber maßgeblichen Unterschiede weckten unser Interesse für Aspekte, die ohne diesen direkten Anstoß verborgen geblieben wären. Durch viele Fragestellungen fühlten wir uns herausgefordert und nahmen diese zum Anlaß für rege Diskussionen, ohne jedoch dabei den anderen in seiner religiösen Überzeugung anzugreifen. Der fruchtbare Boden unserer Freundschaft war die Übereinstimmung in einem gemeinsamen

Lebensziel: dem unermüdlichen Einsatz für Liebe, Humanität und Frieden.

In unserer Zeit leben Menschen aus verschiedenen Kulturgemeinschaften als Nachbarn zusammen.

Das gesellschaftliche Phänomen des interkulturellen Austausches offenbart sich als Bereicherung nicht nur für den Einzelnen, sondern für die gesamte Gesellschaft, ja für die Menschheit. Im psychosoziologischen Sinne wurzelt der Bereicherungseffekt in der Erkenntnis, daß Gegensätze im Prozeß der Selbstfindung wie ein Spiegel wirken, denn am anderen, am Fremden lernt man sich selbst erst kennen. Distanz und Absonderung dagegen verhärten Klischeevorstellungen; der fremde Unbekannte weckt Ängste und Mißtrauen. Kontakt und Mut zum offenen Dialog sind unabdingbar für die Beseitigung von Mißverständnissen und für die gegenseitige Annäherung der Menschen.

Es gilt, Gemeinsamkeiten herauszuarbeiten und den Blick für gemeinsame Probleme zu schärfen, um sie dann leichter zu lösen. Menschlichkeit und Nächstenliebe können nur gedeihen, wenn Barrieren, die zu Entfremdung und zu Vorurteilen führen, heruntergerissen werden. [...]

„Religion can mediate between human beings by imparting faith and moral certainties to them." Feride hob die Augen von ihrem Redemanuskript und blickte in den Saal. Einen Moment lang herrschte Stille. Dann gab es kräftigen Applaus.

Am Ende des Kongresstages war Feride froh, dass sie diese Chance genutzt und als Rednerin an dem Kongress teilgenommen hatte. Sie hatte wertvolle Erfahrungen gesammelt, interessante Menschen aus den verschiedensten Nationen kennengelernt und für die Rückreise ein Stück neues Selbstbewusstsein mit eingepackt.

Ihren Eltern konnte sie zeigen, dass ihre Tochter gewappnet war für die Welt draußen, wo es doch überwiegend friedlich zuging. Vorwürfe machten Ali und Gülüzar ihr nicht, als sie aus Paris zurückkam; vielleicht waren sie sogar ein bisschen stolz auf sie – gaben es aber nicht zu.

Im Konflikt mit sich selbst

Gerade in ihrer Studienzeit wurde das Tagebuch für Feride geradezu überlebenswichtig. Niemandem sonst konnte sie sich so vorbehaltlos anvertrauen. Es war ein Ventil für ihren Kummer, ihre Ängste, ihre Zweifel, ihre Hilflosigkeit – genauso wie sie darin ihrer Freude und ihrer Dankbarkeit Ausdruck verleihen konnte. Beim Schreiben konnte sie neue Hoffnungen schöpfen, neue Vorsätze und neue Ziele formulieren. Das Tagebuch diente nicht nur zum Konservieren ihrer Erinnerungen, sondern war auch ein Medium zur Bereinigung ihrer Seele, zum Ordnen ihrer Gedanken, zur Prüfung ihrer Handlungen bezüglich des definierten Sollzustands, wobei es letzteren zu überdenken und gegebenenfalls zu aktualisieren galt. Kurz: Ihr Tagebuch war für sie eine wichtige Quelle der Regenerierung und der Stärkung und über lange Zeit so etwas wie eine kluge und verschwiegene beste Freundin.

Tagebuch

28. Dezember 1984

Das zermürbende Gefühl der Unzufriedenheit zehrt seit mehreren Jahren an mir. Seit Beginn des Studiums hat es an Intensität gewonnen. Der Konflikt entsteht aus dem Dilemma zwischen den eigenen Ansprüchen und denen der Umwelt. Die Umwelt wird hierbei vor allem durch die Eltern repräsentiert. Ihre Selbstverständlichkeit, sich für die Kinder aufzuopfern, erzeugt Schuldgefühle in uns. Unser Gewissen schaltet sich ein, wenn wir uns ihnen verpflichtet fühlen, aber unsere innere Stimme, unser Ich ihre Erwartungen nicht akzeptieren kann und will. Das verpflichtende, strafende Gewissen, das Über-Ich auf der einen Seite und das nach Selbstbehauptung strebende Ich auf der anderen Seite kämpfen nun gegeneinander. Bei diesem Kampf siegt weder die eine noch die andere Seite. Vielmehr wird quasi eine Kompromißlösung eingegangen. Die inneren Regungen, Wünsche und Vorstellungen, die das Gewissen, das Korrelat des elterlichen Moral- und Wertesystems, nicht dulden kann, werden nicht voll zur Entfaltung gebracht. Auf diese Weise wird das Individuum in seiner Persönlichkeitsentwicklung blockiert. Diese Blockade kann das Bewußtsein nicht mit seinem Leistungsanspruch koordinieren und es reagiert zum Teil mit Abwehr, welche sich in erhöhter Reizbarkeit und Rückzug nach innen äußert.

In letzter Zeit beobachte ich, daß ich von meiner Fähigkeit bzw. der Möglichkeit, aus meinem Glauben Kraft zu schöpfen, nicht Gebrauch mache. Ich glaube, momentan mehr an der Oberfläche der Passivität, der Antriebsarmut und des Pessimismus zu schweben, die Tiefen des Gebetes, des Meditierens nicht zu erreichen, mich aber auch bewußt nicht sonderlich anzustrengen. Wahrscheinlich geht diese Gleichgültigkeit, die Desinteressiertheit darauf zurück, daß ich keine Höhepunkte im Leben erfahre.

Das Studium hat einen hohen Stellenwert für mich. Denn ich erhoffe, darin durch relative Selbstständigkeit im Beruf einen Zugang zu einer gesellschaftlich mehr oder minder anerkannten Position zu finden, innerhalb derer ich wirken kann, ohne auf meinen geschlechtlich bestimmten Tätigkeitsbereich reduziert zu werden. Das Studium eröffnet mir nicht nur Türen zu Erkenntnissen, die zum Verständnis des Lebens und dessen Bewältigung beitragen, sondern es ebnet auch den Weg zu einem freieren Leben mit mehr Selbstbestimmung. Als Frau, noch dazu als Türkin, deren Ursprung ländlich ist, wird man leicht eingespannt in Normen, die durch Tradition und religiöses Verständnis ihre Rechtfertigung erlangen.

Ich sehe, wie das Verhältnis zu meinen Eltern immer mehr an Vertrauen und Interesse einbüßt, und sehe auch, daß ich unwillig bin, diese Entwicklung abzubremsen. Denn mein Inneres wehrt sich dagegen. Ich möchte einfach nicht akzeptieren, wie sie ihr Leben gestalten, so monoton, getrieben von dem Vorsatz, Geld zu verdienen, um uns damit eine bessere Zukunft zu ermöglichen, aber sich dabei gesundheitlich zugrunderichten. Im Grunde muß ich differenzieren zwischen dem, was sie vom Leben erwarten, und dem, wie ich mir mein Leben vorstelle.

Nurcan, meine Freundin, ist von zu Hause ausgezogen. Aber ist das der einzige Weg zur Unabhängigkeit und zur persönlichen Reifung? Könnte ich es ertragen zu sehen, wie die Eltern leiden – obwohl ich ihnen so auch schon Leid zufüge?

9. April 1986

Meine Familie spürt, daß ich mich von ihnen distanziere. Sie wagen sich nicht ganz an mich heran, denn sie spüren die Sperre in mir. Wir haben uns merklich voneinander entfremdet. Äußerlich ist diese Tatsache daran erkennbar, daß man kaum etwas miteinander unternimmt, daß man kaum zusammen ist, und wenn, dann ist es ein oberflächliches Nebeneinandersein, aber kein herzliches Zusammensein. Was ist zu tun? Wie geht es weiter?

Ich erachte es als das Vernünftigste, mich auf meine konkreten außerfamiliären Aufgaben zu konzentrieren. Diese sind das Medizinstudium und mein Engagement im Institut, wo ich Arabisch lerne und eine Doktorarbeit zu schreiben beabsichtige. Das erstgenannte hat Priorität gegenüber dem zweitgenannten, denn – dank Gott – habe ich mich nach bestandenem zweitem Abschnitt des Staatsexamens in die Endphase meines Studiums begeben. Am Montag, dem 21. April beginnt das Praktische Jahr.

Erst wenn ich mich selbst profiliert und eine gewisse finanzielle Selbstständigkeit erlangt habe, kann ich von einer stabilen Grundlage aus meiner Familie den verdienten und ersehnten Dank durch Taten zum Ausdruck bringen.

Das Praktische Jahr

Tagebuch

2. Mai 1986

Vor zwei Wochen habe ich mit dem Praktischen Jahr, dem letzten Abschnitt des Medizinstudiums, begonnen. Als ich eine Woche davor das Ergebnis des Examens telefonisch erfahren habe, freuten sich meine Eltern so sehr darüber, daß sie ihrer Freude durch eine spontane Feier Ausdruck verliehen. Meine Mutter fastete, ihrem Gelübde folgend, drei Tage. Am 1. Mai trafen wir uns mit Leuten, die aus demselben Dorf in der Türkei stammen, zu einem Picknick im Freien, bei dem meine Eltern Essen ausgaben.

Es ist beeindruckend, welche Bedeutung meine Familie meinem Erfolg beimißt. Sie gönnen ihn mir mit viel Liebe und unterstützen mich seelisch mit all ihrer Kraft. Sie geben uns das, wozu sie ihrem Wesen nach sowie entsprechend ihren sozialen und finanziellen Möglichkeiten in der Lage sind. Dafür sei ihnen gedankt! Ich hoffe, daß ich sie nicht enttäuschen werde.

Das Praktische Jahr fordert mich vor allem dahingehend, mich persönlich behaupten zu lernen. Dazu bedarf es der Sammlung meiner Gedanken und Gefühle. Ich muß mit mir selbst umzugehen lernen. Es ist nachteilig, auf die vermutete oder aus Andeutungen hergeleitete Reaktion der Umgebung bedacht zu sein. Wichtig ist, daß ich meine Handlungen an meinen eigenen Maßstäben messe und mich unabhängig mache von erfahrungsgemäß unvermeidlichen Bemerkungen oder Verhaltensweisen anderer, denn man kann es nicht immer und nicht jedem recht machen. Man muß auch das Entgegenkommen und Taktgefühl gegenüber anderen „dosieren“, um nicht ausgenutzt zu werden.

Heute habe ich meine erste Braunüle gelegt. Ich bin auf Anhieb in die Vene hineingekommen, habe die Nadel zwar zurückgezogen, doch wohl vergessen, sie aus der Hülse zu entfernen, weswegen die Infusion nicht einlief. Im Stationszimmer machte man sich – irgendwo ja verständlich – darüber lustig, aber ohne es böse zu meinen. Ich habe mich geschämt. Für meinen weiteren Einsatz war es beruhigend und wichtig zu erkennen, daß meine Handlung kein gröberer Fehler war; dem Patienten wurde nicht geschadet. Ich mußte mir jedoch hinterher Mut zusprechen, daß ich das bestimmt beim nächsten Mal richtig machen würde.

Nun zum nächsten, sehr wichtigen Punkt: Heute habe ich mit dem Professor gesprochen. Ich habe meinen Wunsch geäußert, mit der Dissertation schon während meines Praktischen Jahres anzufangen. Dafür würde ich einen freien Studientag und die Samstage zur Verfügung stellen. Er war sehr freundlich und entgegenkommend. Gefreut habe ich mich über seine Äußerung, daß er mich für sehr fähig halte, wissenschaftliche Abhandlungen zu bewerkstelligen. Weiter betonte er die unschätzbar große Bedeutung der Wissenschaftsgeschichte mit arabisch-islamischem Schwerpunkt. Er würde mich gerne dafür gewinnen, denn er vertraue mir. Zudem würde er mir auch ein Stipendium dafür geben. Zunächst solle ich mich so intensiv wie möglich mit Arabisch beschäftigen. Er würde mir dann auch konkrete Literatur zur Verfügung stellen, damit ich so den Eingang in die wissenschaftliche Arbeitsweise finden könne. Mein Plan ist, mich für die Dauer von drei bis vier Jahren der Dissertation zu widmen. Danach würde meine Facharztausbildung im Vordergrund stehen.

Ärztin oder Türkin?

Eine Einbürgerung war für Feride all die Jahre nie ein Thema. Ihre Eltern hätten sich sowieso nicht mit dem Gedanken anfreunden können. Schließlich war geplant, in die Türkei zurückzukehren. Doch dann erfuhr Feride, dass sie als Türkin keine vollwertige Ärztin in dem Land sein konnte, in dem sie seit Kleinkindesalter lebte.

Diese Erkenntnis traf sie mitten im Studium wie ein Schock – bei einem zufälligen Gespräch in der Cafeteria der Uni mit einem Kollegen türkischer Herkunft, der drei Semester über ihr war. Er hatte nach Abschluss seines Studiums anstelle einer Approbation nur eine Berufserlaubnis erhalten und strebte nun die Einbürgerung an, um auf dieser Basis die Approbation zu erlangen. Schon am nächsten Tag nach dem Gespräch saß Feride in der Bibliothek und blätterte fieberhaft in den entsprechenden juristischen Regelwerken. In der Loseblattsammlung des Rechtsanwalts Prof. Dr. Helmut Narr zum Ärztlichen Berufsrecht (Stand Oktober 1982 und 1983), dem Standardwerk zum Thema, fand sie hierzu folgende Informationen: „Ausländer, die nicht Staatsangehörige eines Mitgliedstaates der EWG sind, haben keinen Rechtsanspruch auf Erteilung der Approbation (§3 Abs. 3 BuÄO), gleichgültig ob sie die Ausbildung zum Arzt in der Bundesrepublik oder im Ausland absolviert haben." Da stand es schwarz auf weiß: Für Ausländer war nur die Erlaubnis zur Ausübung ärztlicher Tätigkeit eine Möglichkeit, ihren Beruf zu praktizieren.

Doch der Absatz 101 erläuterte: „Von der Approbation unterscheidet sich die Erlaubnis zur Ausübung des ärztlichen Berufes gemäß §10 BuÄO in mehrfacher Hinsicht. Auf ihre Erteilung besteht kein Rechtsanspruch. Sie verleiht kein subjektiv öffentliches Recht und damit keinen auf Dauer angelegten Rechtsstatus, sondern gestattet nur die vorübergehende Ausübung der ärztlichen Tätigkeit." Weiter hieß es in Absatz 104: „Die Erlaubnis kann auf bestimmte Tätigkeiten und Beschäftigungsstellen beschränkt werden, wovon regelmäßig Gebrauch gemacht wird [...] Sie darf nur widerruflich und regelmäßig nur bis zu einer

Gesamtdauer der ärztlichen Tätigkeit von höchstens 4 Jahren erteilt oder verlängert werden. Demzufolge ist die Erlaubnis regelmäßig räumlich, zeitlich und bezüglich des Arbeitsplatzes begrenzt." Der Absatz 107 führte weiter aus: „Kann eine unverzüglich begonnene Weiterbildung innerhalb von 4 Jahren nicht abgeschlossen werden, weil z. B. die Weiterbildungszeiten länger sind (Internisten 6 Jahre, Chirurgen 6 Jahre), kann mit einer Verlängerung der Erlaubnis auf höchstens weitere 3 Jahre, also bis zu einer Gesamtdauer von insgesamt 7 Jahren gerechnet werden." Der Absatz 109 informierte über zwei Ausnahmen für die Verlängerung oder Erteilung der Erlaubnis über den Zeitraum von 7 Jahren hinaus, nämlich „wenn

a) dies im Interesse der ärztlichen Versorgung der Bevölkerung liegt oder

b) der Antragsteller asylberechtigt ist."

Feride las die betreffenden Absätze mehrmals und konnte es einfach nicht glauben. Sie war nicht zum Studium eingereist, sie lebte in diesem Land, seit sie zwei Jahre alt war, aber sie fiel in die Rubrik „Ausländer" – und war damit den berufsrechtlichen Restriktionen gleichermaßen unterworfen. Der Tenor der gesetzlichen Regelungen war klar: Gab es Bedarf, durften ausländische Ärzte auch länger ihre Kenntnisse und Fähigkeiten in den Dienst der Bevölkerung stellen. Gab es keinen, verloren sie das Recht auf die Ausübung ihres Berufes in Deutschland. Eigene Bedürfnisse und Wünsche hatten keine Rolle zu spielen.

Die Verweigerung der verdienten Zulassung zur Ausübung des ärztlichen Berufes war eine offensichtliche Diskriminierung. Feride konnte es nicht fassen. Sie hatte geglaubt, die größten Hindernisse überwunden zu haben. Doch nun wartete am Ende des Parcours noch eine enorme Hürde: Das Gesetz stellte sie vor die Wahl, entweder eine berufliche Laufbahn in Deutschland als deutsche Staatsbürgerin zu beginnen und ihre türkische Staatsbürgerschaft aufzugeben – oder allmählich in ihr Ursprungsland, das sie nur vom Urlaub her kannte, abgeschoben zu werden.

Doch es blieb ihr nichts anderes übrig, als sich den geltenden Regelungen zu beugen. Was hätte sie tun können, wenn die gewährte Zeit für die Tätigkeit als Ärztin abgelaufen war? Sie hätte dann auf der Basis der Arbeitserlaubnis, die sie sicherheitshalber als „ausländischer Arbeitnehmer" im Mai 1984 erworben hatte, eine Arbeit außerhalb ihrer Qualifikation suchen müssen.

Nein, das wollte sie auf keinen Fall. Sie hatte hart für ihren Erfolg gearbeitet. Sie wollte die gleichen Rechte haben wie die anderen, die hier lebten. Ihr standen die gleichen Chancen zu wie ihren Klassenkameraden, wie Maria und Christa, mit denen sie die Schulbank gedrückt hatte. Sie wollte bei der Suche nach einer Assistenzarztstelle genauso freie Wahl haben wie Heike und Bettina, mit denen sie für ihre Examina gelernt hatte, mit denen sie bei ihren Prüfungen gemeinsam Ängste ausgestanden und hinterher erleichtert gefeiert hatte.

Also musste sie sich mit dem Thema „Einbürgerung“ befassen. Die Absolutheit in der Forderung, entweder deutsch oder türkisch zu sein, fand sie ungerechtfertigt. Der Zwang, sich für eine der beiden Staatsbürgerschaften entscheiden zu müssen, missachtete die Wirklichkeit. Musste man wirklich seine ursprüngliche Nationalität aufgeben? Vielleicht gab es Ausnahmen, irgendwelche Sonderregelungen!?

Am 10. April 1986 richtete Feride folgende Worte auf Türkisch an das türkische Konsulat:

Sehr geehrter Herr Innenminister,

eingangs möchte ich mich kurz vorstellen. Mein Name ist Feride. Ich bin 24 Jahre alt. Seit meinem zweiten Lebensjahr befinde ich mich mit meiner Familie in Deutschland. Ich war nur an deutschen Schulen und studiere zurzeit an der Goethe-Universität Medizin. In einem Jahr werde ich mein Studium beenden. Schon immer wollte ich in die Türkei zurückkehren. Daran hat sich nichts geändert. Mein Ziel ist es, meinem Vaterland zu dienen. Doch für einen kompletten Dienst braucht man einen kompletten Menschen. Was ich sagen möchte, ist: Eine Rückkehr, ohne die im Ausland vorhandenen Möglichkeiten genutzt und die bisherigen Bemühungen zu einem bestimmten Punkt gebracht zu haben, käme einer unfertigen Sache gleich. Ich würde meiner Heimat nicht nur nicht nutzen, sondern möglicherweise eine Last sein. Mein Wunsch ist, meine Facharztausbildung in Deutschland zu machen. Jedoch, auch wenn ich hier aufgewachsen bin, stoße ich mit meinem türkischen Paß auf diverse Hindernisse. Uns gibt man keine „Approbation“, also eine offizielle Erlaubnis, als Arzt zu arbeiten. Zumindest keine vollwertige, mit der ich mich uneingeschränkt um eine Weiterbildungsstelle bewerben könnte.

Auf der anderen Seite macht es mich ungemein traurig, aus einer Notwendigkeit heraus die türkische Staatsangehörigkeit zu verlieren. Denn wie sehr ich auch im Herzen Türkin bleiben würde, möchte ich ebenso offiziell meine türkische Nationalität behalten.

Könnte ich, nachdem ich die deutsche Staatsbürgerschaft zuerkannt bekomme, die türkische wieder zurückerlangen?

Es würde mich freuen, wenn Sie mir diese wichtige Frage so schnell wie möglich beantworten könnten.

Für meine Schreibfehler bitte ich um Entschuldigung.

Mit freundlichen Grüßen

Feride Kaya

Der Antwortbrief des Konsulats kam innerhalb weniger Tage. Darin wurde mitgeteilt, dass es in Einzelfällen wohl die Möglichkeit gebe, den türkischen Pass wieder zu beantragen. Zwar war das keine Garantie, aber immerhin eine Hoffnung.

Der nächste Schritt war die Beantragung der Einbürgerung bei der Behörde in Offenbach. Im Juni 1986 reichte sie die Unterlagen ein. Unter anderem musste sie einen Lebenslauf schreiben. Darin schilderte sie kurz ihre Lebensgeschichte und schloss mit den Worten:

Zurzeit befinde ich mich im 11. Semester. Es ist der letzte Abschnitt meines Medizinstudiums, der als Praktisches Jahr bezeichnet wird, da es rein praktischen Charakter hat.

Ich habe mein Leben in Form von einigen wichtigen Daten kurz umrissen. Doch glaube ich, damit gezeigt zu haben, daß ich die entscheidenden Schritte meines Lebens in Deutschland gegangen bin und mir eine Grundlage geschaffen habe, auf der ich meine Zukunft gründen kann.

Feride Kaya

Feride war sich der Widersprüchlichkeit ihrer Argumentation voll bewusst. Wenn sie ihre beiden Schreiben gegenüberstellte, fragte sie sich, ob sie den deutschen Staat belog, wenn sie angab, ihre Zukunft in diesem Land zu sehen, aber andererseits erklärte, im Grunde doch in ihre „Heimat" „zurück" zu wollen, um ihrem „Vaterland" zu dienen. Heimat und Vaterland waren die Türkei, in der sie geboren wurde, aber nicht gelebt hatte.

Aber das war keine Lüge. Es war ein Teil von ihr, der langsam zu erwachen begann, sich aber noch nicht an die Oberfläche wagte, da ihr dominantes Über-Ich über ihre Ideale wachte. De facto war es für sie die einzige Möglichkeit, mit ihrer paradoxen Situation umzugehen. Deutschland war bestrebt, „Ausländer" nicht lange im Land zu lassen. Nicht deutsche Ärzte sollten nach vier, ausnahmsweise sieben Jahren nicht mehr ihren akademischen Beruf ausüben dürfen und sollten zurückkehren. Nur ein deutscher Pass konnte Feride Chancengleichheit bieten. Und wenn sie deutsche Staatsbürgerin sein wollte, konnte sie nicht Türkin bleiben. Sie war in einer Zwickmühle.

Es galt, Entscheidungen zu treffen. Diese sollten realistisch und konkret sein. Sie sollten sich auf die nahe Zukunft beziehen. Der nächste Schritt war der Einstieg in den Beruf. Der Weg zur beruflichen Entfaltung sollte möglichst nicht durch formale Hindernisse blockiert sein.

Im November 1986 erhielt Ferides Einbürgerungsantrag ein Aktenzeichen. Zunächst sollte sie gemäß §16 des Verwaltungskostengesetzes einen Gebührenvorschuss in Höhe von 710 DM überweisen. Zum Glück hatte sie etwas von ihrem Stipendium zurückgelegt. Hingewiesen wurde sie in dem Schreiben darauf, dass mit der Zahlung ein Recht auf Einbürgerung nicht begründet wurde und der Vorschuss auch im Falle einer Ablehnung oder Zurücknahme des Einbürgerungsantrages als Bearbeitungsgebühr einbehalten würde.

Im Januar 1987 erhielt Feride die Mitteilung von der deutschen Behörde, wonach „die Einbürgerung in Aussicht genommen" wurde. Allerdings könne diese erst erfolgen, wenn nachgewiesen sei, dass der Verlust der bisherigen Staatsangehörigkeit spätestens mit der Einbürgerung in den deutschen Staatsverband eintrete. Deshalb sollte sie sich „bitte nachhaltig um einen entsprechenden Nachweis bemühen".

Nun war wieder die türkische Seite an der Reihe. Feride reichte einen Ausbürgerungsantrag beim türkischen Konsulat ein. Darin bekundete sie ihr Interesse, die türkische Staatsbürgerschaft wiederzuerwerben, da sie „auf keinen Fall ihre eigentliche Nationalität verlieren" wollte. Doch die Mühlen der Behörden mahlten langsam. Eine zermürbende Zeit des Wartens begann.

Studienabschluss

Tagebuch

13. Juli 1986

2:30–2:40 Uhr. Kann nicht schlafen. Bestandsaufnahme: still, verwirrt, überfordert ... unzufrieden!

Was will ich:

mein Intellekt?

mein Herz?

Zu a)

1. Erfolg im Praktischen Jahr (bzw. in meinem Werdegang als Ärztin).

2. Ankurbelung der Doktorarbeit,

Koordinierung beider Motive in Bezug auf Erfolg.

Zu b)

Lernen, zu genießen,

Sehnsucht nach einer ernsten Partnerschaft.

Ich versuche, mir vor Augen zu führen, daß ich mein Studium bald beenden werde. Es löst kein Erstaunen in mir aus; keine Reaktion derart, daß ich es nicht fassen könnte. Auch jetzt, im Endspurt meines Studiums, bin ich nicht mit vollem Bewußtsein präsent. Während der gesamten Studienzeit habe ich gewissenhaft den Erfordernissen meines Studiums zu genügen versucht. Ich habe den offiziellen Anschluß durchgehend gewahrt. Viel Theorie habe ich verschlungen, aber – so scheint mir – nicht verdaut. Dafür fehlte mir die Brücke zur Praxis, in der das Wissen zur Anwendung kommt und Gestalt annimmt. So schwebt es quasi in der Luft und ist nicht greifbar, hat keinen Bezug zur Wirklichkeit.

30. April 1987

Am 15. April war meine abschließende mündliche Examensprüfung. Sie verlief ganz gut. Wir alle aus unserer Dreiergruppe, Heike, Bettina und ich, bekamen eine Zwei. Am Ende drückten die Prüfer ihre Zufriedenheit mit uns aus. Sie hätten anfänglich geglaubt, es würde eine noch bessere Note herauskommen. Doch hätten wir doch noch einige Mängel gehabt, was ja in der Situation verständlich sei. Vor drei Tagen war die schriftliche Prüfung. Wahrscheinlich habe ich bestanden, jedoch weiß ich das offizielle Ergebnis noch nicht.

Mit der Bekanntgabe der schriftlichen Prüfungsergebnisse wird mein Medizinstudium dann beendet sein. Ein seltsames Gefühl: Ich bin froh darüber, alles hinter mich gebracht zu haben – doch das Gefühl, nun eine „Ärztin" zu sein, habe ich nicht.

Mein Studium habe ich in der Mindestregelstudienzeit, und zwar vier Monate vor dem Ende der Förderungshöchstdauer, abgeschlossen. Ohne das BAföG, das ich für die ersten Studienjahre monatlich vom Staat als zinslosen Kredit erhalten habe, und ohne das Stipendium, das ich für meine Doktorarbeit erhalte, hätte ich das Studium nur mit äußerster Anstrengung oder wahrscheinlich gar nicht in der regulären Zeit abschließen können. Das war eine wichtige Chance für mich – auch wenn aufgrund meines Ausländerstatus immer noch unklar ist, ob ich jemals die Approbation hier in Deutschland beantragen kann.

Tchja, was nun? Ich habe mir vorgenommen, wesentliche Änderungen in meinem Leben vorzunehmen. Wichtigstes Ziel ist es, mich selbst mögen und respektieren zu lernen. Ich darf mich als Ärztin bezeichnen, doch wo bleibt die Freude? Ich fühle mich wie leer.

Das soll sich ändern:

1. Sport machen,
2. auf meine äußere Aufmachung achten,
3. Doktorarbeit vorantreiben,
4. Bereitschaftsdienste mitmachen, um mich für Notfälle vorzubereiten,
5. außermedizinische Fortbildung,
6. meinen Unternehmungsgeist ausbauen, neue Impulse entdecken, meine Motivation steigern.

Psychologische Hilfe

Tagebuch

31. Juli 1987

Heute hatte ich das zweite Gespräch in der psychologischen Beratungsstelle. Die Beratung ist ein Angebot der Stadt Offenbach, eine Freundin hatte mir davon erzählt. Ich bin froh, daß ich mich überwunden habe, dort anzurufen. Der Anlaß für die Beratungsgespräche ist die Tatsache, daß ich mit mir nicht klarkomme. Mir ist oft nach Weinen zumute, und ich weine dann auch. Ich bin sehr bedrückt und kann nicht von Herzen lachen oder mich freuen. Jetzt muß ich diesen Regungen nachgehen, wenn ich nicht mein Leben lang unzufrieden und unglücklich sein will.

Zunächst erzählte ich der Psychologin, daß ich gestern einen Studienfreund besucht hatte und dabei subtil mit einem schlechten Gewissen behaftet war, weil mein Bruder, der jünger ist als ich und mir gegenüber keineswegs eine Machtposition innehat, sein Mißfallen angesichts dieser „verkehrten Welt", in der Frauen Männer aufsuchten und nicht umgekehrt, äußerte. Typisch war, daß ich den Eltern sagte, ich würde jemanden besuchen; den Namen der Person nannte ich also gar nicht, weil ich sonst eine kritische Bemerkung erwarten mußte. Gleichzeitig rief ich in ihrer Hörweite Hakan an, so daß ich es ihnen letztendlich doch nicht verheimlichte. Offensichtlich in meinem Verhalten ist die Ambivalenz, auf der einen Seite Entscheidungen für mich zu fällen, ohne meine Eltern zu konsultieren, um zu erwartende Konflikte nicht aufkommen zu lassen – auf der anderen Seite ein schlechtes Gewissen zu haben, wenn ich nicht mit „offenen Karten spiele", zumal ja im Prinzip keine unlauteren Absichten dahinterstecken.

Weiter erzählte ich der Psychologin, daß ich in der Anwesenheit von Hakan und seinem deutschen Freund innerlich angespannt war. Wir hatten uns zunächst auf Deutsch unterhalten, was mich auch schon etwas anstrengte, denn ich wollte keine

Fehler machen. Ich war nicht frei, sondern gab mich gezwungen – eine Situation, die einen Teufelskreis heraufbeschwört, denn gerade dann bin ich weniger konzentriert, da mich die konfusen Gefühls- und Gedankenregungen überwältigen.

Diese innere Anspannung kannte ich nur zu gut – auch auf Elternabenden von meinen Geschwistern oder sonstigen öffentlichen Veranstaltungen, sogar in der Schule oder während des Studiums war es so, daß ich mich nicht spontan zu einer Thematik äußern konnte. Ich war unkonzentriert und gehemmt. Dagegen fanden meine schriftlichen Leistungen große Anerkennung. In der Schule erstaunte ich mit diesen meine Lehrer und Mitschüler. Auch mit dem Vortrag in englischer Sprache, den ich vor zwei Jahren in Paris gehalten hatte, erntete ich großes Lob. Aber es waren Leistungen, die nicht spontan kamen, sondern vorbereitet wurden. Dagegen bin ich in Anwesenheit von anderen gedanklich blockiert, weil ich mich ihnen unterlegen fühle und von ihnen „geprüft" zu werden glaube. Und das hemmt mich, steigert meine Unsicherheit, so daß ich bei jedem Vorhaben, mich auszudrücken, mich überwinden muß. So verschwende ich Energie, die mir für meinen „produktiven Einsatz" fehlt, und dieser „schlägt fehl" in der Form, daß ich mich verhaspele und letztendlich „blamiere", sprich: eine Niederlage erleide. Das ist dann die Bestätigung für mein Gefühl der Unterlegenheit.

Im Gespräch habe ich meine Hemmungen unter anderem auch darauf zurückgeführt, daß ich mir vorstelle, die deutschen Gesprächspartner bzw. Zuhörer seien in dem Bewußtsein, daß ich Türkin, d. h. ein Ausländer- und Arbeiterkind bin. Daher seien sie „ganz Ohr", um meine Präsentation zu werten. Bei einem Ausländer wird der Bewertungsmaßstab viel strenger gesetzt, sprachliche Fehler werden viel eher herausgehört als bei Deutschen, um sie dann auf meine Herkunft zurückzuführen und sich als Deutsche zunächst in diesem Bereich, subtil aber auch in anderen, d. h. allgemein, überlegen zu fühlen. Ein Fehler meinerseits wird Anlaß für die Assoziation mit dem Phänomen des Ausländerseins geben und ein Grund sein, sich besser zu fühlen in Bezug auf Wissen, Bildungsstand, Herkunft und sozialen Status. Mit der Psychologin habe ich dann besprochen, was ich tun kann, um aus diesem Teufelskreis der erwarteten Niederlage auszusteigen.

14. August 1987

Heute war ich wieder zum Beratungsgespräch bei der Psychologin. Ich habe ihr von den Gesprächen in unserer Familie erzählt. Zum Beispiel gestern: Als wir uns beim Frühstück unterhielten, warf mein Vater mir vor, ihn zu ignorieren, überhaupt mich von der Familie zu entfernen, ähnlich einer Schnecke, die ihr Haus verläßt und nicht mehr dahin zurück will. Auch kritisierte er meine hochgesteckten Ziele; ich würde schon noch auf die Nase fallen. Ich versuchte, Verständnis bei ihm dafür zu erwerben, daß ich Leute und Verhaltensweisen in Akdere kritisiere, wie er es auch tut, und daß ich nicht unbedingt in mein Dorf (mein Schneckenhaus) zurückkehren muß, sondern meinen Lebensbereich weiter abstecken will und mir durchaus vorstellen kann, woanders zu leben. Er gab sich in der Rolle des von der Tochter verlassenen, enttäuschten Vaters, der krank und schwach ist und nicht mehr lange zu leben hat.

Die Psychologin sagte, sie habe den Eindruck, daß beide Parteien versuchten, jeweils den eigenen Standpunkt gegenüber dem anderen zu verteidigen. Auch ich würde versuchen, sie für mich zu gewinnen, um bei ihnen Befürwortung zu finden für meine abweichenden Meinungen und Ziele. Das sei für mich so wichtig. Dabei wüßte ich doch, daß sie kein Verständnis dafür aufbringen könnten. Schon von Anfang an hatte ich sie deswegen von „meinen Angelegenheiten" ferngehalten, die Konfrontation nie gewagt. Eben: die Konfrontation nie gewagt, immer nur Kompromisse eingegangen, um den äußeren Schein zu wahren, im Grunde aber nur Unzufriedenheit und Frust zu ernten. Ich hatte es „geschafft", sie auf Abstand zu mir zu „erziehen", d.h. daraufhin, mir nicht nahe zu kommen.

Die Beraterin erkannte richtig, daß mein Verhältnis zu ihnen von unzähligen Vorwürfen bestimmt ist – als Ergebnis dessen, sie an meinen hohen Maßstäben zu messen. Dabei sei das Leben meiner Familie ganz normal, nichts Außergewöhnliches; in vielen Familien seien ähnliche Strukturen.

Erneut sagte sie, sie habe den Eindruck, daß ich versuchte, meine Familie so zu verändern, wie es meinen Vorstellungen entspricht. Ich würde weiter kämpfen, ein Kampf, der nur Kräfte zerstört und es unmöglich macht, glücklich und zufrieden zu sein – so wie man und wie es ist. Sie sagte, ich setze voraus, daß meine Eltern erst meine Anschauungen akzeptieren, um dann das zu machen, was ich wirklich möchte. Ich bräuchte quasi ihren Segen. Denn es wäre für mich unerträglich, sie leiden zu sehen und dafür verantwortlich zu sein, was der Fall wäre, wenn ich auszöge. Mir riet die Beraterin, meine konkreten Ziele – wie den Auszug aus dem Elternhaus – nicht aufzuschieben und nicht von den Planungen meiner Eltern abhängig zu machen. Ich sollte jetzt meine Möglichkeiten nutzen, um eine innere Freiheit zu erreichen. Ich müßte lernen, Freiheit in der Bindung zu erfahren, sonst würde ich mein Leben lang „unfrei" sein, denn gebunden ist man irgendwie immer.

Übertragen auf meine jetzige Situation in der Familie bedeutet das, mich nicht für so vieles verantwortlich zu fühlen – für meine Schwester, für die Gesundheit meines Vaters usw. Die Denk- und Lebensweisen meiner Nächsten müssen von mir akzeptiert werden. Eines muß mir nun klar sein: Ich kann meine Ideale und Wertmaßstäbe nicht auf meine Familie anwenden und darf meine Familie nicht als Maßstab für die Effektivität meiner Person und die Berechtigung meiner Ideale nehmen. Die Wirklichkeit als türkische Arbeiterfamilie ländlichen Ursprungs in einer türkischen Gemeinschaft innerhalb der deutschen Gesellschaft geht auch an mir nicht vorbei. Der Einfluß all dieser Komponenten macht sich geltend. Wichtige Bestimmungsfaktoren sind unter anderem die Berufstätigkeit meiner Mutter, der Bildungsstand der Eltern, womit in enger Beziehung steht die geringe Einsicht in die Notwendigkeit des intellektuell begründeten Aufstiegs und in die Bedeutung dieser persönlichen Horizonterweiterung, sowie der aktive Einsatz für den schulischen Erfolg der Geschwister.

Töricht ist es, Dinge zu erzwingen, von deren hohem Stellenwert ich überzeugt bin. Jetzt aber ist es an der Zeit, meine Energien konstruktiv einzusetzen. Ich muß das Beste aus der Situation machen; dazu gehört, Gegebenes hinzunehmen, statt Dinge zu erzwingen, die sich dann negativ auswirken. Um dieses Ziel zu erreichen, muß ich das Negative an Gefühlen und Gedanken in mir aufgreifen und eliminieren, so daß das Positive an Gefühl und Geist überwiegt. Ein wesentlicher Punkt ist die Erkenntnis, daß ich mich selbst nicht unterjoche und innerlich frei sein kann. Nicht aufzuschieben, sondern das Hier und Jetzt positiv und konstruktiv zu gestalten, darauf sollte ich hinarbeiten.

21. August 1987

Unser Familienleben ist eingerostet. Ein Durchbruch ist unbedingt erforderlich. Diesen Durchbruch haben meine Eltern mit Beendigung meines Studiums erwartet. Aber er kam nicht. Sie sehen, daß ich mich mit dem offiziell erzielten Berufsstatus noch gar nicht identifizieren kann.

Ich habe keine Veränderung in die öde, schweigsame Familiensituation gebracht. Als sie damals meinen Lerneifer und den langsam anwachsenden Erfolg wahrnahmen, lernten sie, stolz auf mich zu sein, und stellten sich nicht in meinen Weg. Das war, was sie zumindest eine Zeitlang zu meinem Erfolg beitragen konnten: ihn nicht vorsätzlich zu verhindern und durch ihren Stolz ihn sogar indirekt zu unterstützen. In dieser Zeit nahmen sie auch vieles hin, was für sie neu war, sie aber zu tolerieren lernten – aus Respekt vor dem Berufsziel. Sie wußten aber nicht, was das im Einzelnen bedeutete, was es an Veränderung, an Aufruhr bringen würde.

Irgendwie glaube ich wohl immer noch, ohne meine Eltern, d. h. ohne ihren Segen nicht leben zu können. Deswegen warte ich auf eine Lösung, die sich ohne mein aktives Zutun irgendwann von selbst einstellt. Ich mache meine Hoffnungen an der unverbindlichen Aussage der Eltern fest, daß sie nächstes Jahr die Pilgerfahrt machen und danach in die Türkei zurückgehen werden, um dann alle paar Monate hierherzukommen und „nach uns zu sehen". Schließlich war die Rückkehr das geplante Endziel ihres Aufenthaltes in Deutschland. Ihr eigentliches Leben sollte in ihrer Heimat zur vollen Entfaltung kommen. Dort würden sie endlich ein freies und glückliches Leben führen; das war ihre Vorstellung. Auf diesen Zeitpunkt, der sich so lange immer wieder in die Zukunft verschoben hat, warte ich jetzt – und fühle mich passiv und hilflos dabei. Dabei wollte ich mein Schicksal doch eigentlich selbst in die Hand nehmen ...

24. September 1987

Auch wenn ich noch nicht als Ärztin zu arbeiten angefangen habe, darf ich mich offiziell als solche bezeichnen. Auf Anfrage stelle ich mich trotzdem nicht als Ärztin, sondern als Medizinstudentin vor. Warum mache ich mich so klein?

Ich bilde mir ein, unbedeutend zu sein, obwohl doch der erfolgreiche Studienabschluß an sich eine anerkennungswürdige Leistung ist!?

Ich könnte und müßte mehr für mich tun, meine Hemmungen überwinden, mir mehr Chancen zugestehen usw. Aber was mich innerlich hemmt, ist die Stimme: „Du darfst nicht an dich denken, wenn andere unglücklich sind, du könntest etwas zu deren Glück beitragen. Du solltest auch die Familie in deinem Plan unterbringen." Verdienen sie nicht auch einen Platz darin, könnte ich nicht auch sie mit einkalkulieren, wenn ich doch anderen Leuten auch einen Dienst, wie unentgeltliches Dolmetschen, Begleitung bei Arzt- und Behördenbesuchen, erweise und dabei Zeit verliere – die mir zu kostbar ist für meine Eltern?

Der Traum vom eigenen Raum

Tagebuch

1. Oktober 1987

Ich strebe an, in gutem Einvernehmen mit meinen Eltern zu bleiben. Ein solches kann ich nur aufrechterhalten, wenn ich meinen Auszug von zu Hause rechtfertigen kann durch eine beruflich eingeleitete Wende in meinem Leben. Ich müßte also eine Stelle als Ärztin finden, um so ein neues Leben auch materiell ausgestalten zu können.

Ich muß lernen, äußere Gegebenheiten hinzunehmen. Meine Eltern kann ich nicht ändern. Aber mich! Sie selbst haben zum Glück ihren Freundes- und Bekanntenkreis und sind auf uns nicht angewiesen. Das Problem sind die moralischen Pflichten, die sie uns auferlegen.

Etwas Wesentliches darf ich nicht vergessen: Ich bin nicht allein. Es gibt eine höhere Macht, die mir Kraft und Hoffnung gibt. Schöpfe aus dieser Quelle der Kraft und der Hoffnung!

2. Oktober 1987

Meine Gedanken drehen sich im Kreis, wenn ich an die Beziehung zu meinen Eltern denke. Ist unsere Beziehung ein Handel, ein Tauschgeschäft? Du gibst mir das, ich gebe dir jenes. Das hast du bekommen, dieses verlange ich nun von dir. Wir haben uns für dich aufgeopfert – tue nun also das, was wir von dir erwarten, denn das ist gut für dich.

Zwei verhärtete Fronten, sich gegenseitig herausfordernd; auf beiden Seiten Aufruhr der Gefühle (Wut, Ärger, Protest, Vorwürfe, Ablehnung). Zudem Verbitterung bei mir, mich allein durchgeschlagen zu haben und jetzt Vorwürfen ausgesetzt zu sein, Restriktionen unterworfen zu werden.

14. Oktober 1987

Ich komme nicht selten erst abends nach Hause. Denn ich kann meine Zeit zu Hause nicht sinnvoll gestalten. Sie kommt mir verloren vor. Schon die räumlichen Verhältnisse erlauben es mir nicht, den Tag ausklingen zu lassen mit Entspannung in einer bequemen Ecke, vielleicht bei Musik oder mit einem Buch oder in einem gemütlichen, „konstruktiven" Beisammensein mit der Familie. Aber nicht nur die räumliche Situation verleitet mich dazu, Abstand zu ihnen zu halten. Es ist meine Angst, greifbar für sie zu sein, ihnen die Gelegenheit zu bieten, über mich zu verfügen, und zwar nach ihrer Vorstellung. Ich fühle mich nicht sicher und stark genug, dagegen anzukämpfen, meinen eigenen Standpunkt argumentativ und praktisch zu vertreten. Deswegen meide ich die Herausforderung.

Ich habe mich recht früh von der Welt meiner Eltern distanziert, weil ich es nicht akzeptieren wollte, weniger Freiheiten zu haben als das andere Geschlecht, und vieles in der Familie und der (türkischen) Gesellschaft nicht meinem Verständnis von Gut und Schlecht entsprach. Es stand für mich fest: Ich wollte es wagen, die Grenzen ihrer Welt zu überwinden, nicht, um meine Eltern dann zu verleugnen – wie könnte ich das, denn ihnen gebührt meine Liebe und mein Respekt –, sondern um anders zu sein, um in ihrer Lebenssphäre ein- und auszugehen, ohne darin gefangen zu sein.

12. November 1987

Jetzt, wo mein Studium beendet ist, konzentriere ich mich auf meine Doktorarbeit. Das Psychosomatik-Seminar, das ich dafür besuche, finde ich äußerst interessant, aber es fordert auch heraus. Nicht selten durchdringt mich dabei ein Gefühl der Hilflosigkeit. Ich fühle mich gefangen in Strukturen, die in der Erziehung als angelegt gelten und deren Beeinflußbarkeit als recht gering angegeben wird. Ist der Mensch denn tatsächlich so ohnmächtig? Ist die sogenannte Spontan- oder Selbstheilung mehr die Ausnahme als die Regel? Ist denn nicht jeder in irgendeiner Weise neurotisch, d.h. sind die Verhaltens- und Denkweisen der Menschen nicht das Resultat von Arrangements aus dem Mitgegebenen und dem daraus Werdenden und Hinzukommenden?

Ich denke, daß der Mensch nicht nur Objekt im äußeren und inneren Wirkungsfeld ist, sondern auch als Subjekt Träger eines freien Willens ist und bewußt Veränderungen herbeiführen kann.

Zwischen zwei Welten

Tagebuch

13. November 1987

Jahrgangstreffen meines Gymnasiums: Einige auf dem Treffen sagten mir, daß sie mich während der Schulzeit gerne näher kennengelernt hätten, doch ich hätte sie nicht herangelassen. Ich hätte mich verschlossen.

War es die Angst vor Kontrollverlust? Mein Verhalten, meine Äußerungen und meine Gefühle gehen durch eine innere Zensur. Die Instanz des Verstandes, des Gewissens entscheidet, was verworfen und unterdrückt wird und was davon in gesellschaftsfähig und gewissenskonform gemachter Form dargeboten werden darf. Jeder Ausdruck hat also einen Vorspann, kostet mich Kraft. Oft neige ich auch dazu, in Abstraktionen zu denken und zu sprechen. Mein Inneres ist nicht im Einklang mit meinem Äußeren, dazwischen ist eine Schranke.

„Das Spiel mit dem Unterbewußten". Ich stelle mir vor, daß der Verstand – der Geist – oftmals über die Seele, die ihre Klage äußert, lacht; daß ich dieses Wechselspiel zwischen Geist und Seele oft wahrnehme.

Es gibt kein Patentrezept, das außerhalb von mir ansetzt, sondern den Schlüssel zur Veränderung hin zur Glückseligkeit habe ich selbst in der Hand. Es gilt, meiner Seele mehr Chancen zur Mitbestimmung zu geben, auf meine Gefühle zu hören, den Panzer, in dem sie eingesperrt und zu verstummen bedroht sind, zu durchbrechen. Gott möge mir dabei helfen ...

31. Dezember 1987

Es ist Besuch von türkischen Verwandten aus Österreich da. Die paar Tage ununterbrochen mit der Familie zusammen zu sein, hat mich ziemlich niedergerissen. Ich falle leicht in die Rolle der gutmütigen, braven und mit Pluspunkten wie „Erfolg" versehenen Tochter. Dieses von ihnen nicht nur Angenommen-, sondern auch Gelobtwerden macht es immer schwieriger, etwas zu „wagen", wie etwa mit Freunden auszugehen – ohne sich dabei unwohl zu fühlen mit der Vorstellung der enttäuschten, vielleicht „leidenden" Blicke der Eltern.

27. Januar 1988

Ich bin zutiefst bekümmert. Es zehrt an meinen Kräften. Diese haben sich in meinem ständigen Kampf erschöpft. Die Erkenntnis, daß ich anders bin, ist ein Punkt. Der andere Punkt ist, daß ich meine Eltern nicht verleugnen will. Sie loben mich wegen meiner Sanftmut und Güte, Eigenschaften, die nach ihrer Meinung meinen Charakter prägen, und respektieren mich wegen meines Fleißes und Erfolges. Aber dieses Bild ist nicht mehr haltbar, die äußere Fassade läßt sich nicht mehr wahren. Die Güte kehrt sich in Egoismus und Härte um. Ich schieße mit ihnen bisher unbekannten Waffen zurück. Und es trifft sie hart. Wieso eigentlich? Weil sie es von mir am wenigsten erwartet hätten. Ich leistete einen wichtigen Beitrag, um ihrem Leben in Deutschland einen Sinn zu geben: Auf mich konnten sie besonders stolz sein, mit mir konnten sie anderen imponieren. Ich rüttele jetzt an ihrem Glauben, zufrieden und stolz sein zu dürfen, an ihrem Glauben, daß das jahrelange Schuften, all der Frust nicht umsonst waren. Sie sind zutiefst enttäuscht und verletzt. Jetzt mache ich ihnen Vorwürfe. Ich greife sie an. Warum sind sie nicht zurückgekehrt in die Türkei, wo sie glauben, ein unbefangeneres Dasein ohne prinzipielle Vorbehalte führen zu können? Mussten beinahe ein Vierteljahrzehnt Träume zurückgestellt, Impulse unterdrückt, Einflüsse und Angebote von außen stets auf Vereinbarkeit mit den eigenen Vorstellungen geprüft und gegebenenfalls abgewehrt werden? Kann ein Inseldasein, das nur so viel Verbindung zum Festland zuläßt, wie für die Vorbereitung auf die heimatgebundenen Ziele notwendig ist, ein vollwertiges und glückliches Leben erlauben? „Biz onlar gibi olamayız", „wir können nicht so sein wie sie". Immer wieder höre ich diesen Satz. Wie können sie wissen, wie „sie" sind, wenn sie keine größere menschliche Nähe zulassen? Man kann nicht pauschal einteilen nach „hier Freund, dort fremd gleich Feind beziehungsweise nicht kompatibel", um sich mit einem Schutzschild auszurüsten und die nötige Distanz zu wahren.

Sie haben sich einem Ziel verschrieben, wonach eine Existenz in einer anderen Zeit in einem anderen Land materiell gesichert werden soll. Was ist mit den Bedürfnissen von heute? Mögen sie doch den Blick etwa auf Bahar, ihr jüngstes Kind richten. Wenn sie Probleme mit der Schule hat, hat sie das nicht allein zu verantworten. Leistung ist nicht nur von Fleiß oder Faulheit des Kindes abhängig. Für den schulischen Erfolg oder Mißerfolg tragen die Eltern in wesentlichem Maße Mitverantwortung. Ich glaubte, als wichtige Bezugsperson bei Bahar eine Änderung im Sinne des „Fortschritts" herbeiführen zu können. Es ist schwer für mich zu akzeptieren, daß mir das nicht gelungen ist. Ich habe versagt und fühle mich schuldig, sie vielleicht durch zu viel Engagement sogar in ihrer Entwicklung gehemmt zu haben. Doch kann ich mir die Schuld dafür geben? Die Umstände waren auch für mich hart und ich zu schwach, noch mehr Last zu bewältigen. Meine eigenen Aufgaben haben mich schon zur Genüge eingenommen. Ich war nicht bereit, bei Prüfungen durchzufallen, das Studium zu verlängern. Es lag mir viel daran, selbst keine Niederlage zu erleiden, die ich viel zu sehr persönlich genommen hätte, weil für mein Selbstwertgefühl offizielle, also meßbare Leistungen wichtig waren.

Ja, ich mache ihnen Vorwürfe. Sie haben es uns nicht einfach gemacht, haben uns bei unseren Aufgaben nicht aktiv unterstützt, wahrscheinlich, weil sie es nicht konnten. Bei manchen Gelegenheiten haben sie sich uns in den Weg gestellt. In ihren Augen haben sie dabei nur das Beste für uns gewollt. Und gerade das hat unsere Gewissensbisse schmerzhafter gemacht.

Letztens übermittelte mir meine Mutter eine Drohung, die mein Vater an mich adressiert habe, nämlich daß, wenn ich weiter so spät käme, ihm ein Wort herausrutschen würde, was ich mein Leben lang nicht vergessen würde. Am Abend davor hatte mein Bruder mir von ihm ausgerichtet, ich solle mich endlich wieder „fassen". Ich war die letzten Tage immer ziemlich spät gekommen. So konnte es 22 Uhr oder später werden, wenn ich etwa aus dem Medical-English-Kurs zurückkam. Eigentlich war ich all die letzten Jahre später gekommen – aber ich hatte eine für sie akzeptable Rechtfertigung, ich mußte für Prüfungen lernen und hatte gegen ihren Wunsch durchgesetzt, im Institut in Frankfurt und nicht etwa zu Hause zu lernen – obwohl wir ja extra wegen mir in diese größere 4-Zimmer-Wohnung umgezogen waren.

Besonders wenn es um mein Vergnügen geht – und das ist wahrhaftig nicht oft der Fall –, stellen sie sich dagegen, da sie wissen, daß auch Männer anwesend sein können und möglicherweise Alkohol getrunken und getanzt wird. Das ist in ihren Augen schlecht und bedeutet Gefahr für ein Mädchen. Befürchten sie allen Ernstes, daß ich die Situation nicht unter Kontrolle habe? Wissen sie nicht, daß ich zu meinen eigenen Prinzipien zu stehen weiß?

Ja, ich greife sie an. Das ist ein Angriff, auf den sie nicht vorbereitet waren und für den sie deshalb unbewaffnet sind. Sie sind schockiert, ihr Verstand kann so schnell keine Schutzmaßnahmen zum strategischen Einsatz bringen. Sie stehen nackt da. Sie sind aufgewühlt – der langjährige Frust verschafft sich nun ein Ventil, ist für beide Seiten kaum zu ertragen. Sie haben der Familie wegen auf vieles verzichtet, harte Arbeitsbedingungen hingenommen, damit die Kinder es später leichter haben und ein Leben ohne größere Entbehrungen führen können. Ihre besten Jahre haben sie in der Fremde verbracht, Diskriminierungen hingenommen, ihre Gesundheit aufs Spiel gesetzt. Wer weiß, wieviel Lebenszeit ihnen noch verbleibt? Ihr Trost und ihre Belohnung waren, daß sie etwas geschafft haben, worauf sie stolz sein konnten. Sie haben ihr eigenes Haus in der Türkei bauen lassen und vor allem den Kindern durch ihren Aufenthalt in Deutschland einen Bildungsaufstieg ermöglicht. Wenn auch nicht jedes dieses Angebot angenommen hat und die anderen Töchter anstatt dessen einen anderen Weg gewählt, sich nämlich für ein Hausfrauen- und Mutterdasein entschieden haben. Jetzt komme ich und mache ihnen weis, daß ihre Vision nicht aufgeht. Ich lasse sie spüren, daß unser Verständnis von erfülltem Leben nicht unbedingt mit ihrer Sichtweise übereinstimmt.

Verzweiflung und Wut beherrschen die Atmosphäre. Verbale Attacken wechseln sich ab mit drückender Stille. Der Vorfall neulich verdeutlicht die Mißstimmung. Meine Mutter forderte mich auf, einen Kuchen zu backen, als ich im Begriff war, mit meiner Freundin wegzufahren. Ich sagte schroff, ich könne das jetzt nicht machen, es sei schon zu spät. Daraufhin erwiderte sie aggressiv, dann würde sie mich nicht gehen lassen. Ich antwortete, ich würde ihr den Kuchen machen, aber es sei ein Unterschied, ob man ihn aus Liebe, also gerne macht oder ob man ihn aus Zwang macht. Sie antwortete, sie verzichte auf einen Kuchen von mir, der würde einem ja im Halse stecken bleiben. Ihre Stimme brach und ihre Augen füllten sich.

Die Mutter, die ständig auf Trab ist – nie zur Ruhe kommt –, hat die Sache nicht mehr im Griff. Ihre Gefühle drängen jetzt an die Oberfläche. Sie überschüttet mich mit ihren Anklagen: Wo bleibt der Dank für ihre aufopfernde Arbeit?

13. März 1988

Solange ich versuche, es allen recht zu machen, so lange wird mein Verhalten nicht in Frage gestellt. Ich bin es, die das Idealbild, das andere von mir hatten, mit allen Mitteln aufrechtzuerhalten versuchte. Dieses Bestreben ging sowohl auf Kosten anderer, insbesondere meiner Geschwister – als auch auf meine Kosten. Meine Geschwister mußten immer wieder die Erfahrung machen, in meinem Schatten zu stehen. Ihr Selbstwertgefühl litt darunter. Ich schraubte die Maßstäbe, an denen sie gemessen wurden, hoch. Doch durch ihren im Vergleich schlechteren, aber eigentlich „normalen“ Status standen sie nicht unter dem Druck, Höchstleistungen erbringen zu müssen, und konnten von ihrem Standpunkt aus durch kleinere Erfolge Anerkennung erwerben. Ich dagegen mußte mich enorm anstrengen, um meine „Spitzen“-Position zu wahren – und das in zwei verschiedenen Lebensgemeinschaften.

Ich war ständig bestrebt, diese weitgehend gegensätzlichen Da- und So-Seinsformen miteinander zu vereinbaren, möglichst ohne daß es Reibungspunkte gibt, an denen es zu einem Zusammenstoß hätte kommen können. Ich habe in gewisser Weise ein Doppelleben geführt und meinen Eltern eine unvollständige Vorstellung von mir geboten. Ich habe ihnen selten etwas mitgeteilt, was ich außerhalb von zu Hause erlebte, da ich dahingehend voreingenommen war zu denken, daß sie kein Verständnis dafür hätten, es eher Zweifel und Ängste bei ihnen hervorgerufen hätte, was mich hätte einschränken und hindern können. Jetzt erst gebe ich Teile von mir zu erkennen, die ihr Idealbild von mir ins Wanken bringen. Vorwürfe und Äußerungen der Enttäuschung sind die Reaktion. Aber jede Trennung ist schwer. Ich muß ihnen ermöglichen, einen Lernprozeß durchzumachen, damit sie akzeptieren lernen, daß ich nicht so sein möchte, wie sie mich gerne hätten; daß ich anders bin, aber ihre Tochter bleibe und sie auf andere Weise auf mich stolz sein können. Ich muß mir beweisen, daß sie mich auch dann noch lieben und annehmen werden; also muß ich die entscheidenden Schritte tun, auch wenn es Schmerzen bereitet, Ängste auslöst. Ich muß es riskieren lernen.

Die Stimme der Seele

Feride musste ihre Situation ändern. Hierfür waren konkrete Schritte notwendig. Einiges musste abgeschlossen werden, um anderen Zielen Zeit und Raum zu geben. Und sie musste Prioritäten setzen, um sich nicht weiter hoffnungslos zu überfordern.

Die Doktorarbeit war ihr sehr wichtig, das Thema interessierte sie sehr, doch sollte sie sich nicht zu lange damit aufhalten, damit sie weitergehen konnte. Denn eine finanzielle Unabhängigkeit war Bedingung für die Realisierung der eigenen Wünsche. Sie musste also ins Berufsleben eintreten. Vielleicht konnte sie zunächst eine Teilzeitstelle finden, damit sie nebenher ihre Dissertation zu Ende bringen konnte. Da war zum Beispiel das Angebot von Pro Familia, wo sie insbesondere mit ärztlichen Beratungstätigkeiten beschäftigt wäre. Denn so richtig Pflichten in einem Krankenhaus zu übernehmen, die viel Engagement und große Verantwortung abverlangten, machte ihr Angst. Es würde sie vollends absorbieren und daneben nichts anderes mehr zulassen.

Doch ebenso spürte sie, wie sehr sie einen Ausgleich zu ihrem kopfgesteuerten Dasein brauchte. Andere Bedürfnisse wollten endlich erhört werden. So wollte sie sich mehr um ihr Äußeres kümmern, nicht immer wie eine graue Maus herumlaufen. Dazu gehörte auch, mehr Sport zu machen, damit sie ihren Körper trainieren und sich darin wohler fühlen konnte.

Außerdem könnte sie ihre sozialen Kontakte ausbauen, mehr Zeit mit Leuten ihrer Generation verbringen, mit ihnen Spaß haben und einfach die Seele baumeln lassen. Dass sich ferner in ihr die Sehnsucht nach einem Partner regte, konnte sie nicht verleugnen.

Tagebuch

29. März 1988

Der Geist mit seinem erbarmungslosen Leistungsanspruch brachte die Seele zum Schweigen. Gibt man ihr die Gelegenheit, ihre Existenz zu bekunden, so entweicht über dieses Ventil ein Überschwang an Traurigkeit, an Klage, an Wut – Tränen sind der Ausdruck des Seelenleids. Es ist ein Signal mit folgender Nachricht: Du hast das eigentliche Ziel aus dem Auge verloren. Dieses Ziel ist das Wohlergehen des ganzen Menschen Feride. Erst darauf kann sich ein gesundes Leben gründen, das gesunde menschliche Beziehungen ermöglicht. Dein Verstand schafft es nicht, die seelischen Bedürfnisse unter den Tisch zu kehren, sie anderen Idealen unterzuordnen. Sie wollen erhört und befriedigt werden, sonst beschneiden sie den Verstand, den intellektuellen Teil des Menschen. Die Natur hat es so vorgesehen, daß man bei sich selbst anfangen muß, es ist ein gesunder und gerechtfertigter Egoismus.

4. April 1988

Das Examen sollte der Ausbruch sein, einhergehend mit der Bereitschaft, dem inneren Druck ein Ventil zu schaffen. Es war schon immer so, daß ich mit dem Erreichten nicht zufrieden war und mich gleich auf das nächste Ziel besann. Zur Bestätigung meines Selbstwertes mußte ich mich weiter anstrengen, weiter fleißig sein, ohne die immerwährende Anstrengung würde das System zusammenbrechen. Diesen Teufelskreis will ich jetzt durchbrechen ...

11. Juni 1988

Meine Leistungen brachten mir Respekt und eine gewisse Souveränität ein – bei den Deutschen wie bei den Türken. So war ich stark genug, in Deutschland mit Kopftuch zum Koranunterricht zu gehen, und nahm in Kauf, von Deutschen so gesehen zu werden. Ich wollte damit an ihrer auf Distanz begründeten und in gewisser Weise überheblichen Art der Kritik rütteln. Ich war ein

Bindeglied zwischen zwei Welten. Ihr Respekt mir gegenüber und die Anerkennung meiner Leistungen und meiner für sie oftmals geheimnisvollen (verschwiegenen) Persönlichkeit waren meine Waffe; dadurch war ich geschützt vor ihrem direkten Angriff, denn das würde sie in Konflikt mit sich selbst und ihrem Anspruch auf soziale Einstellung und Menschlichkeit bringen.

„Erkek Fatma"

Mit ihrem schulischen Erfolg hatte sich Feride gewisse Freiheiten erobert, die nach Ansicht ihrer Eltern typischerweise für Männer bestimmt waren. Sie hatte Grenzen überschritten und dabei in den Augen ihrer Eltern männliches Terrain betreten. Ihre Mutter nannte sie deshalb „Erkek Fatma", „Fatma, der Bursche". Gülüzar drückte damit ihre Verärgerung und gleichzeitig ihre Besorgnis aus. Denn Feride war nun mal kein Mann und als Frau konnte sie ihren Bewegungsradius nicht unbegrenzt ausdehnen. Schnell könnte die ihnen in der türkischen Gemeinschaft entgegengebrachte Anerkennung in Ablehnung umschlagen.

Aus diesen ungeschriebenen Konventionen, die Rechte und Pflichten strikt nach Geschlecht trennten, resultierten für Frauen oft Benachteiligungen. Frauen wurden auf diese Weise dazu getrieben, das männliche Geschlecht über ihr eigenes zu stellen. Darauf gründete sich letztendlich ihre Vorliebe für Söhne. So konnte sich Feride noch an eine Äußerung ihrer Mutter im Kreis ihrer Freundinnen erinnern: „Gott verzeihe – aber warum soll ich lügen? Bei Selims Geburt war ich überglücklich. Von mir aus hätten alle meine Kinder Jungen sein können." Als Erklärung führte sie aus: „Mädchen heiraten früh und sind weg. Söhne sind immer da und sorgen für die Eltern." Diese Worte taten im ersten Moment weh, wenn auch ihre Wirkung durch den Unterton, in dem das Gewissen der Mutter mitschwang, abgeschwächt wurde. Im Kern trennte ihre Liebe nicht nach Geschlechtern, womit sie manch unbedachte Aussagen und Handlungen korrigieren konnte.

Wenn Gülüzar ihre Tochter „Erkek Fatma" nannte, wusste Feride, dass sie etwas erreicht hatte, worauf sie stolz sein durfte. Denn sie wollte es nicht hinnehmen, sich wegen ihres Geschlechtes einschränken zu lassen. Die Diskriminierung von Frauen war ein Unrecht, und es zuzulassen und auch noch für seinen Fortbestand zu sorgen, war inakzeptabel.

Tagebuch

13. Juni 1988

Mein Erfolg diente wahrscheinlich auch dazu, mich als weibliches Kind zu behaupten. Ich wollte mir zu der „intellektuellen" Welt der Männer, des Vaters Zugang verschaffen. Ich akzeptierte die bornierte Welt der Frauen nicht. Sie beschäftigten sich mit trivialen Dingen, ihre Vorstellungen und Maßstäbe waren auf traditionelle Übereinkünfte abgestimmt, sie waren rigide, keineswegs bestrebt, ihr Gehirn anzustrengen, bestimmte Dinge in Frage zu stellen und zu überprüfen, durch eigenständiges Denken ihren Horizont zu erweitern. Außerdem waren ihre Vorstellungen irgendwo frauenfeindlich und somit gegen sie selbst gerichtet. Oftmals hörte ich und höre ich noch, Mädchen müßten das und jenes machen, seien hauptsächlich für den Haushalt zuständig. Sobald eine junge Frau sich zu lange und zu intensiv im außerhäuslichen Bereich aufhält, wird sie „Erkek Fatma", „Fatma, der Bursche" genannt – ein türkischer Schimpfname für Mädchen, die sich angeblich „männlich" verhalten, wie man es mir auch vorwirft. Und wie es mir nicht zusteht, denn als „Mädchen" darf ich mich nur so weit entfalten, als ich damit nicht meine Heiratschancen gefährde. Dazu gehört die Wahrung eines guten Rufes. Das bedeutet, „anständig" zu sein, möglichst wenig mit Jungs zusammen zu sein usw. Frauen schränken sich also selber ein. Deswegen wollte ich ausbrechen. Die Männer waren freier, aber auch ich wollte frei sein. Dieser innere Motor, der meine Leistungen angetrieben hat, war entscheidend für den Erfolg ...

Ich habe bisher viel geleistet, doch der Motor treibt mich immer noch. Er ist auf Dauerleistung eingestellt, hat sich verselbständigt, steht nicht zu meinen Diensten, sondern er hat mich zu seinem Diener gemacht. Ich bin abhängig von ihm und seinem Produkt, den Leistungen. Ich brauche letztere wie eine Droge, um meinen Selbstwert „äußerlich" bestätigt zu bekommen, und zwar immer wieder. Ist das eine Erfolgsziel erreicht, wende ich mich dem nächsten zu. Das Erreichte scheint dabei weniger wichtig zu sein als die Tatsache, es erreicht zu haben und es offiziell anerkannt zu bekommen.

Die Trennung von den Eltern ist mit vielen Schmerzen verbunden, doch danach kommt eine Zeit, die eine andere Art des

Zusammenlebens ermöglicht, und zwar auf einer reiferen Ebene der Eltern-Kind-Beziehung. Wovor ich Angst habe, ist die Unwiderruflichkeit der Trennung, so daß ich keine Gelegenheit zur Wiedergutmachung haben könnte. Meine Mutter lässt mich wissen, wie sehr sie ihrer tugendhaften Tochter, die ich früher gewesen sei, nachtrauere. Mein Vater hält mir vor, unter meinem Verhalten zu leiden, was sich in seiner Gesundheit niederschlage. Er glaubt, nur noch wenige Jahre zu leben ... Sie machen mir Schuldgefühle.

Einbürgerung und Approbation

Im Juni 1988 erhielt Feride die Erlaubnis zum Austritt aus dem türkischen Staatsverband. Diese „Bescheinigung der Genehmigung für den Übertritt in eine fremde Staatsbürgerschaft" wurde der deutschen Einbürgerungsbehörde vorgelegt. Die Einbürgerungsurkunde wurde im November 1988 ausgestellt und Feride im Januar 1989 ausgehändigt. Im Ganzen hatte es zwei Jahre gedauert, bis der Prozess abgeschlossen war.

Über die Urkunde freute sich Feride unheimlich. Die Bundesrepublik Deutschland als Urheberin hatte ihr die deutsche Staatsangehörigkeit erteilt. Feride merkte, wie sich etwas in ihr bewegte, das ihre Beziehung zu diesem Land verändern könnte. Sie war jetzt eine vollwertige Bürgerin und fühlte sich stärker zugehörig zu diesem Land, dessen Gegenwart und Zukunft sie mit ihrer Stimme mitzubestimmen bereit war. Sie war den „Stamm"-Deutschen gleichgestellt, mit Pflichten wie mit Rechten. Es war wie eine Willkommensbekundung, mit der sie zumindest formal mit offenen Armen in die Mitte der Gesellschaft aufgenommen wurde.

Nur fünf Tage nach Erhalt der Urkunde stellte Feride ihren Antrag auf Erteilung der Approbation als Ärztin. Damit war auch der Weg in ihren Traumberuf endlich frei.

Eine beglückende Begegnung

Nach Ende ihres Studiums konzentrierte sich Feride auf ihre Doktorarbeit. Als Thema hatte ihr Doktorvater einen Anfang des zehnten Jahrhunderts von einem bekannten Universalgelehrten verfassten arabischen Text über die Psychosomatische Medizin vorgeschlagen. Diese galt es mit der in der Moderne etablierten entsprechenden Disziplin zu vergleichen. Sie war begeistert und nahm sofort an. So viel Reizvolles hatte diese Aufgabe für sie: Nicht nur waren darin geisteswissenschaftliche Aspekte mit naturwissenschaftlichen und historischen Dimensionen vereint, sondern sie konnte in der Doktorarbeit auch ihre arabischen Sprachkenntnisse anwenden.

Schon während ihres Medizinstudiums hatte sie begonnen, Arabisch zu lernen – an einem renommierten Institut für Wissenschaftsgeschichte mit arabisch-islamischem Schwerpunkt. Nun, durch die Doktorarbeit, wuchs ihre Freude an dieser Sprache noch mehr. Sie nahm sich vor, ihre Arabischkenntnisse zu erweitern und auch im realen Leben einsatzfähig zu machen.

Zuerst fragte sie im wissenschaftshistorischen Institut nach Unterricht in gesprochenem Arabisch. Eine Sekretärin dort empfahl ihr ihren Arabischlehrer Mohammed, der eine unbeschreiblich angenehme Art des Umgangs mit den Schülern habe und einen erfrischenden mitreißenden Unterrichtsstil pflege. Feride wurde neugierig und rief einige Tage später den empfohlenen Lehrer an. Er schlug ihr einen unverbindlichen Kennenlerntermin vor, in dem ihre Lernziele und die eventuelle Zusammenarbeit besprochen werden sollten.

Eine Woche später war sie unterwegs zum Café Mövenpick am Opernplatz in Frankfurt, wo der Termin stattfinden sollte. Es war Samstag, ein wunderschöner Herbsttag. Die Sonne schien bei klarem Himmel. Der Park, durch den sie lief, war mit einem bunten Blätterteppich ausgelegt, die Bäume hatten ihre dichte Krone eingetauscht gegen nahezu kahle Äste, durch die die Sonnenstrahlen ungehemmt ihr Licht ausbreiten konnten. Als sie vor der Alten Oper stand, sah sie einen großen, schlanken

Mann mit schwarzem, etwas krausem Haar und dunklen, schwarz umrahmten Augen, wie kunstvoll von einem Eyeliner gezogen. Er sah elegant aus in seiner hellgrauen Hose, dem hellblauen Hemd und dem dunklen Jackett.

Sie hatten kein Erkennungszeichen vereinbart, aber das brauchten sie auch nicht. Sie schauten sich kurz an, und schon war klar, dass es jeweils das richtige Gegenüber war. Feride mochte Mohammed sofort. Er war mehr als nur freundlich, aber nicht so, dass es aufgesetzt wirkte. In seinen Gesichtsausdruck schien ein Dauerlächeln eingraviert zu sein, das ihn vom ersten Augenblick an sympathisch machte. Sie setzten sich an einen freien Tisch, bestellten Kaffee und Kuchen und begannen zu reden.

Etwa eine halbe Stunde lang ging es um den Arabischunterricht. Sie vereinbarten schließlich, im kommenden Monat mit einer Probestunde zu beginnen. Als das geklärt war, zögerte Feride kurz – nun hätte sie eigentlich gehen können, aber sie wollte das Gespräch noch nicht beenden. Auch Mohammed machte keine Anstalten zu gehen. So kamen sie ins Plaudern.

Mohammed kam aus Ägypten und lebte seit etwa fünf Jahren in Deutschland. Hier hatte er ein Anschlussstudium in Archäologie begonnen, nachdem er das Fach in seinem Heimatland bereits bis zu einem Abschluss studiert hatte. Seinen Lebensunterhalt verdiente er mit Arabischunterricht. Er mochte Frankfurt und konnte sich vorstellen, in dieser Stadt zu bleiben. Er sagte, Feride erinnere ihn an eine Cousine. Überhaupt gebe es historisch und kulturell begründete Bindungen zu Türken in seiner Familie. So sei sein Urgroßvater Türke gewesen.

Mohammeds Ausstrahlung gefiel Feride. Er wirkte seriös, ohne langweilig zu sein. Für seinen Arabischunterricht hatte er Feride in jedem Fall schon gewonnen. Doch es regte sich noch etwas anderes in ihr. Diesen Mann wollte sie wieder treffen. Sie wollte ihn näher kennenlernen. Irgendwie hatte er Gefühle angesprochen, die tief in ihrem Inneren verschlossen waren. Diese Tiefen hatte sie in ihrem Leben nie zu betreten gewagt. Könnte sich etwas entwickeln, was sie noch nicht kannte, was sie bisher nie zugelassen hatte? Und wenn sie deutlich älter wäre als er? Vielleicht hatte er eine feste Beziehung? War sie für ihn überhaupt interessant? So viele Fragen gingen ihr durch den Kopf ... Aber ein gewisses Interesse für ihre Person hatte sie schon bei ihm wahrgenommen. Und dieses schien auf mehr als nur ein flüchtiges Abenteuer abzuzielen.

Mohammed und Feride verabredeten sich weitere Male. Je mehr sie einander von ihrem Leben offenbarten, desto näher fühlten sie sich. Feride lernte Mohammed sehr zu schätzen. Er verstand ihre Situation und unterstützte sie in ihrer Entwicklung auf eine Weise, die von vielfältiger Lebenserfahrung zeugte und sie zu keiner Zeit an ehrlich gemeintem Wohlwollen und an der Liebe zu ihr zweifeln ließ.

Sie vertraute ihm und glaubte seinen Worten, ohne auf andere Quellen in Bezug auf seine Person zurückgreifen zu können. Seine Familie war in Ägypten, wo er Kindheit und Jugend verbracht und sein Hochschulstudium absolviert hatte. Mohammed war alleine nach Deutschland gekommen. Der frühere Teil seines Lebens in Ägypten mit all den wichtigen Personen war damit außer Reichweite.

Zwischen Feride und Mohammed entwickelte sich eine Bindung, die geprägt war von tiefer Empfindsamkeit, wie sie es noch nie erlebt hatte. Das Glücksgefühl war überwältigend. Alle Bereiche ihres Seins waren angesprochen: Körper, Geist und Seele.

Doch es waren Widerstände zu überwinden, ein harter und offener Kampf durchzustehen. „Gegen den Strom zu schwimmen", sich Konventionen zu widersetzen, war Feride gewohnt. Aber diesmal ging es um etwas Sensibleres, um etwas gewissermaßen „Endgültiges". Es ging um ihr persönliches Glück, wovon sie überzeugt sein musste, um dafür zu kämpfen und die damit verbundenen „Verluste" zu kompensieren.

Tagebuch

3. Juli 1988

Bin ich eine Verräterin? Gipfelt mein Verrat in meiner Bekanntschaft mit einem Ausländer, d. h. einem Nicht-Türken?

Mein „Verrat“ manifestiert sich in vielem. So z. B. in meiner Bemühung um Einbürgerung unter Aufgabe der türkischen Staatsbürgerschaft. Mein Vater hat mich lange davon abzuhalten versucht, indem er nach Ausweichmöglichkeiten gesucht hat. Doch ich habe es nach langem Hin und Her doch in die Wege geleitet, zumal ich sonst die Approbation nicht bekommen würde.

Dann die vielen Protestäußerungen gegen alles Mögliche, was von ihnen kommt. Auf diese Weise bekommen sie meine Aggressionen zu spüren. Sie wehren sich allmählich.

Unter meinen revolutionären Ambitionen bringe ich immer mehr meinen Wunsch zum Ausdruck, auszuziehen. In ihren Augen ist das eine Nachahmung der Deutschen, die darin ihre Unsittlichkeit bekunden. Gerade ich, die als sehr tugendhaft galt, mache plötzlich eine Kehrtwendung zum absolut Schlechten.

Nicht zuletzt ihre stillen Vermutungen um meine Bekanntschaft mit einem Ägypter.

Der Verrat ist komplett. Er ist begründet durch die „Verleugnung“ des „Türkischen“ und Annahme von fremden Elementen.

8. Juli 1988

Meine Eltern haben mich in den Zwiespalt gebracht. Man kann die Realität nicht verleugnen. An ihr muß man die Ideale richtigstellen. Ich habe eine Bereicherung mit anderen Kulturen entdeckt. Für mich ist es eine Einengung, mich alleine oder hauptsächlich auf das „Türkische“ zu berufen. Mein Türkischsein wird sich in einen internationalen Kontext integrieren und dadurch bereichert werden ...

9. September 1988

Ich verstehe mich als Synthese aus europäischen und orientalischen Elementen. Nur Türkin zu sein und es nur mit Türken zu tun zu haben, empfände ich als Einengung.

Mohammed trägt als Ägypter dazu bei, daß mein Leben in seiner Dynamik um eine zusätzliche kulturelle Dimension bereichert wird. Er ist ein Mensch, der Orientale ist, aber auch Europäisches angenommen hat. Er hat einen kritischen Geist und ist von dem Gedanken und dem inneren Bestreben geleitet, das Universale im Menschen und am Leben zu erkennen.

Wenn mein Vater sagt, wir müßten uns darauf einstellen, irgendwann in die Türkei überzusiedeln, so sehe ich das als Ausweichmöglichkeit im Bedarfsfalle oder als eine Chance für meine Zukunftsgestaltung an. Doch lebe ich jetzt hier und werde nicht mein Leben nach diesem Ziel als Verbindlichkeit ausrichten. Sonst würde ich Gefahr laufen, mein Leben in Deutschland zu sehr zu beschneiden. Ich würde mehr in der Zukunft als in der Gegenwart leben ...

16. September 1988

Meine Eltern sagen, ich würde immer mit dem Argument kommen, sie würden nicht wünschen, daß ich glücklich bin. Aber ich wisse nicht, was Glück wirklich bedeute. Mein Verhalten sei überhaupt nicht akzeptabel. Mein Rahmen müsse natürlich weiter sein als ihrer, aber mein Verhalten werde mich ins Unglück stürzen. Das eigentliche Glück liege darin, daß ich eine erfolgreiche und respektierte Ärztin werde. Ich sagte, bald würde ich ihnen keinen Anlaß mehr geben für Konflikte und Probleme. Ich würde bald zu arbeiten anfangen.

Wie sehr sie doch bestrebt sind, mich in ihre Bahnen zu lenken, Druckmittel einzusetzen, um mich „zurückzuholen", weil mein Drang nach Freiheit und nach Erweiterung meines Horizontes nicht in ihr Konzept paßt. Eine Abweichung von ihren unantastbaren Prinzipien bedeutet für sie Verderbnis und Ruin – es stellt die Würde und den Wert der Existenz in Frage – die Legitimität für das Leben geht verloren. Meine Eltern fühlen sich dazu verpflichtet, mich zurückzuhalten. Sie unterdrücken mich dadurch. Aber sie glauben, es tun zu müssen. Mein Vater versucht, seinen Machtanspruch gegen mich geltend zu machen. Er, der Vater, gegen mich, das „Kind". Ich bin für ihn keine autonome Person!

18. September 1988

Gestern abend gab es wieder eine heftige Auseinandersetzung mit meinen Eltern. Heute war ich überrascht, daß sowohl meine Mutter als auch mein Vater sehr freundlich und keineswegs reserviert oder nachtragend waren. Mein Vater kam nachmittags von der Frühschicht zurück und fragte auf eine liebevolle Art, ob wir gemeinsam Kaffee trinken gehen wollen. Er legte dabei seine Hand auf meinen Kopf, als wollte er damit signalisieren, daß er alles wieder gut machen wollte. Er scheint darüber nachgedacht und erkannt zu haben, daß mir unser Streit sehr nahe ging, was ihn wahrscheinlich berührt und „weich“ gemacht hat.

Wir gingen spazieren. Er war die ganze Zeit über geneigt, uns zufriedenzustellen. Es war schön.

Für mich war es wichtig, nicht erneut in Gewissensbisse hineinzufallen angesichts seiner Gutmütigkeit. Denn ich muß trennen können zwischen meiner Rolle als Tochter und meiner Rolle als erwachsene selbständige Person – bzw. auf dem Weg dazu. Genauso wie ich mich nicht in seine Privatsphäre einmische, muß auch ich mir dieses Recht als Selbstverständlichkeit zugestehen.

20. September 1988

Ich fühle mich von Mohammed angenommen mit meinen Macken, Schattenseiten wie auch mit meinen Besonderheiten. Auch wenn ich mir selbst nicht gefalle, bin ich frei von dem Zwang, mein Äußeres künstlich zu verschönern und mich überhaupt anzustrengen, um zu gefallen. Anders als ich sonst gewohnt bin, mich an einem Ideal zu messen, das ständig nach Superlativen ausgerichtet ist.

7. Oktober 1988

Grübelstimmung, bestimmt von innerer Unruhe, Verunsicherung. Selbstzweifel kündigen sich an. Angst – wovor? Vor der „Entblößung“? Davor, daß ich die anderen enttäusche, schockiere?

Verlustängste, Katastrophenstimmung.

Und wenn es ein falscher Schritt, die falsche Wahl war? Falsche Wahl? Warum? Passen wir nicht zusammen? Woran messe ich das? Er ist liebenswert und liebesfähig. Sind das keine wert-

vollen Eigenschaften? Ist zu lieben nicht das Fundament des Lebens, der Zukunft, der Ehe?

Wie weit darf ich gehen, damit es noch ein Zurück geben kann, wenn die Beziehung es erfordert?

Leben heißt, Entscheidungen treffen, Risiken eingehen ...

6. November 1988

Bin ich eigentlich frei und bewußt in meiner Partnerwahl? Oder ist diese Wahl von unbewußten Strebungen getrieben? Ist es wieder ein Unternehmen, das dem Motiv folgt, etwas „Besonderes" zu machen, mich abzuheben? Aber gefährde ich dadurch nicht meine Stellung bei den Türken, indem ich ihre Hoffnungen und Erwartungen verrate, indem ich mich für einen Nicht-Türken entscheide, quasi „fremdgehe"?

Was bedeutet Mohammed mir? Kann ich mit ihm meine Vorstellung von Weite und Öffnung realisieren? Kann ich der sich aufdrängenden Stimme, die sich nicht in bestimmte Kategorien von Lebensraum, Mensch und Lebensweise einsperren lassen will, folgen?

Was mir innerlich außerdem widerstrebt, ist der Versuch meines Vaters, an mir festzuhalten, mich in ein seinerseits gemachtes ideales Bild, in sein eigenes Selbst- und Weltverständnis einzuspannen.

9. Dezember 1988

Mit Mohammed will ich Grenzen durchbrechen, ebenso das Türkische, wodurch sich die Eltern eingrenzen und mich auch für sich erreichbar halten wollen.

Ich will etwas riskieren, nicht alles absichern und verplanen und letztendlich vor lauter Angst nicht leben. Wo bleibt denn das so gepredigte Gottvertrauen, das Selbstvertrauen schafft? Gott hat uns Menschen Gefühle eingepflanzt und bewirkt, daß wir uns begegnen und dabei Gefühle der Sympathie und Liebe (oder Antipathie und Haß) aufkommen lassen. Warum sollen wir diese Empfindungen ausschalten und zulassen, daß jedes Mal ein Stück mehr an Lebendigkeit, Freude und Lebenskraft in uns stirbt? Ein Mensch, der sich „beschneidet", sich „quält" und innerlich weitgehend gefesselt ist, kann nicht wirklich Gott erfahren.

Mohammed ist ein liebenswerter und wertvoller Mensch. Wenn wir uns verstehen und einander Kraft geben können, dann wäre es schade, diese Beziehung aus Pseudovernunftsgründen im Keim ersticken zu lassen. Doch sollte uns auch die Trennung als möglicher Ausgang vorbehalten sein, wenn irgendwann die Liebe einrostet oder Geborgenheit und Dynamik verloren gehen – wenn wir also einander nichts mehr zu sagen und nichts mehr zu geben haben ...

Kann ich hinter meinem europäischen Erbe stehen? Bin ich soweit gediehen, daß ich meine Schritte in Richtung Unabhängigkeit befürworten kann? Ich spüre immer mehr den Drang nach Selbständigkeit, nach einem Leben, das ich selbst gestalte, worin ich den Eltern einen in zweiseitigem Einvernehmen in Zeit und Umfang bestimmten Platz gebe, d.h. also auch in Übereinstimmung mit mir selbst – ich will mein Leben selbst in die Hand nehmen und mir meine Zeit einteilen ... Ich bin verantwortlich für mein eigenes Glück!

Auszug von zu Hause

Tagebuch

8. April 1989

Ich fühle eine enorme Spannung in mir. Verzweiflung, Bitterkeit, Lustlosigkeit bestimmen meine Stimmung.

Ich bin ausgezogen, besser gesagt: Ich habe eine eigene Wohnung, die ich inzwischen zum Teil eingerichtet habe. Die wenigen Möbelstücke habe ich teilweise bei der Caritas zu einem geringen Preis erworben. Mein kleines Einkommen, das ich für meine Beratung bei der AIDS-Aufklärung e. V. erhalte, erlaubt mir keine größeren Investitionen. Auch wenn es sich nur um einen Raum mit einer Mini-Kochnische handelt – mit einem WC, das sich draußen im Treppenhaus befindet – und das Ganze noch dazu ziemlich provisorisch aussieht, hat es seinen Reiz, etwas Eigenes zu haben.

Aber ich bin noch mehr bei meinen Eltern zu Hause als bei mir. Ich habe noch keine einzige Nacht in meiner Wohnung verbracht. Wann wird es soweit sein? Heute Nacht?

Es ist Ramadan, der zweite Tag. Fastenbrechen bringt die Familie zusammen an den Tisch. Wenn ich schon am zweiten Tag des Ramadan wegbleibe? Ist die Atmosphäre dafür ungünstig? Ist dieser Schritt nicht umso verpönter, da die religiösen Predigten im Ramadan verstärkt zu Moral aufrufen und meine Tat dem traditionellen Verständnis von Familie sowie dem fest verwurzelten Ehrbegriff vieler Muslime völlig zuwiderläuft? Eine unverheiratete Tochter verläßt nicht den schützenden Familienverband ohne akzeptablen Grund, etwa eine weite Entfernung zum Arbeitsplatz oder Verheiratung, wodurch die Familie von ihrer Schutzpflicht entbunden wäre.

Doch heiraten möchte ich noch nicht. Zunächst möchte ich Ordnung in mein Leben bringen. Und das bedeutet: meine Doktorarbeit beenden und für ein sicheres Einkommen sorgen. Wenn ich die Entscheidung treffe, Mohammed zu heiraten, dann soll diese unter „freieren" Bedingungen geschehen. Ich möchte mit voller Überzeugung dahinterstehen und für den zu erwartenden Widerstand gewappnet sein.

Ich möchte nicht unter Druck mein Ja-Wort geben. Ich möchte mich von meinen Ängsten befreien und zu mir, meinen Gefühlen, Gedanken und Handlungen stehen. Ich möchte mich nicht wie ein Kind vor der Strafe des Vaters fürchten. Es soll mir nicht egal sein, was die anderen denken und wie sie handeln würden. Doch wie weit darf ich meine Spontaneität opfern, meine Wünsche unterdrücken? Heißt das nicht, ständig gegen mich selbst zu arbeiten, unfrei zu sein? Warum mache ich es mir so schwer? Auf der anderen Seite bin ich eigentlich schon ziemlich weit. Meine Eltern haben sich mehr oder weniger darauf eingestellt, daß ich eine eigene Wohnung habe und sukzessive meine Sachen hinübertrage, also von zu Hause ausziehe. Nur – wie lange wird es dauern, bis ich das durchgezogen habe und sie es nicht mehr zu verhindern suchen?

25. Mai 1989

Letzten Samstag habe ich kurz meine Eltern besucht – mein Vater hatte Geburtstag. Doch war er bedrückt, er hat noch nicht einmal sein Geschenk ausgepackt. Er sagte mir mit traurigem Blick, daß er nachts von mir träume und sich große Sorgen mache. Ungewollt las ich einige Zeilen, die er niedergeschrieben hatte. Es schien sich um eine Art Rückblick auf sein Leben zu handeln. Er versuchte sich für die Geschehnisse zu rechtfertigen nach dem Motto, er habe seinen Kindern alles, was ihm möglich war, gegeben. Sieht er in meinem Auszug eine persönliche Niederlage? Glaubt er, versagt zu haben, indem er uns a) nicht richtig erzogen und b) nicht genug „gegeben" hat? Die Vorwürfe sind zum einen gegen mich, das „untreue" Kind, die „Verräterin", gerichtet. Aber auch gegen sich selbst als Vater, der versagt hat?

Mal sehen, wie es sich weiter entwickelt. Meine Aufgabe ist es zu zeigen, daß sie mich nicht „verloren" haben. Ich muß ihnen meine Liebe und meinen Respekt verdeutlichen. Wichtig ist, ihnen bewußt zu machen, für sie auch zukünftig da zu sein. Zurzeit meide ich polarisierende Auseinandersetzungen, ich möchte keine weitere Verhärtung der Fronten.

Ich fühle mich ganz wohl. Es ist, als ob ich mich vom Familiendasein entkoppelt habe und wirklich mein „eigenes" Leben führe. Mit Mohammed gebe ich mich offener und freier. Ich be-

kenne mich immer mehr zu unserer Beziehung. Sie entwickelt sich in Richtung Heirat. Denn wir verstehen uns, haben einen „guten Draht" zueinander. Es ist schön in seiner Gesellschaft. Er ist ein denkender Mensch mit Fehlern und Schwächen sowie Stärken und besonderen Fähigkeiten. Es möge gut für uns sein!

29. Mai 1989

Am Wochenende war ich nach längerer Zeit (eine Woche) wieder zu Hause, d.h. bei meinen Eltern. Eine Freundin von mir war dabei. Wir haben uns mit meiner Mutter unterhalten. Sie war den Tränen nahe, als sie sich wie folgt äußerte: Sie hätte von mir erwartet, daß ich als Braut das Elternhaus verlasse. Ich wäre immer etwas Besonderes für sie gewesen. Sie hätte es mir immer recht und angenehm machen wollen, damit ich erfolgreich sein kann ...

Als wir uns verabschiedeten, sagte mein Vater zu mir: „Vergeßt uns nicht!" Und er äußerte sein Bedauern darüber, daß es unter uns keinen Zusammenhalt gebe. Er verstehe nicht, warum wir eine Trennung in „eures" und „unseres" machen wollten, warum wir nicht als Familie zusammen wirtschafteten, denn gemeinsam sei man stark und komme schneller zum Ziel. Die Türkei sei doch wirklich ein paradiesisches Land. So wäre es doch großartig, wenn ich auf dem Grundstück in Akdere ein Krankenhaus oder eine Kuranstalt bauen ließe?!

Träume, Pläne – fixiert auf die Türkei ... Und dabei Deutschland, in dem sie die Hälfte ihres Lebens und ich fast mein ganzes Leben verbracht haben, verleugnend; auf ihrer Vorstellung beruhend, uns nie zu trennen, in den üblichen Familienstrukturen mit nur geringen Akzentverschiebungen weiterzuleben!

31. Mai 1989

Ich liebe meinen Vater. Aber ich liebe auch mich, zumindest habe ich ein Recht darauf. Wenn mein Vater mich wirklich liebt, dann wird er mein persönliches Glück akzeptieren. Wenn er dies zuläßt, dann werde ich ihn auch wirklich lieben können und nicht mehr fürchten als lieben. Fürchte ich, daß er mir seine Liebe und Anerkennung entzieht? Weil ich glücklich bin? Weil ich den Erwartungen meiner Eltern zuwiderhandle, ihre narzißtischen Bedürfnisse und Wünsche frustriere? Diesen Mechanismus muß ich durchschauen. Ich muß aus dieser inneren (und äußeren) Zwickmühle heraus, ich muß mich aus den Fesseln meiner Abhängigkeit befreien. Niemand außer mir selbst kann den Durchbruch schaffen.

Meine Eltern sind lernfähig. Ich kann etwas bei ihnen bewirken, sie können mein wahres „Wesen" erfahren und mich neu annehmen.

Um zu „leben", will ich etwas riskieren. Dabei muß ich in Kauf nehmen, auch Fehler zu machen; denn daraus lernt man. Fehler sind nicht irreversibel oder nicht zu kompensieren! Gott hat die Menschen mit Fehlern und Schwächen versehen und verspricht ihnen Gnade. O Gott, steh mir bei!

30. Juni 1989

Habe in der Nacht von Mohammed geträumt. Immerhin habe ich mich in diesem Traum offen zu ihm und unseren Heiratsabsichten bekannt ...

Bin ich jetzt so weit? Kann ich jetzt frei entscheiden? Ich will mich endlich offen von den Mitbestimmungstendenzen meiner Eltern distanzieren. Sie sollen aufhören zu träumen und für mich zu planen. Ich will ihnen zeigen, daß ich meine persönlichen Entscheidungen selbst treffen werde, und zwar nach meinen eigenen Vorstellungen und Wünschen.

Sie sollen aufhören zu träumen und mich in ihr Idealbild hineinzupressen. Nein! Ich lebe hier! Ich will nicht um jeden Preis in die Türkei! Ich bin so wütend auf sie! Sie sollen mich loslassen! Sie sollen nicht meinen zu wissen, wie und wo und mit wem ich glücklich sein kann. Ich will nicht um jeden Preis einen Sohn einer „gut situierten" türkischen Familie heiraten, der Arzt oder Ingenieur oder Rechtsanwalt ist. Ich will keine Familienheirat. Ich will einen Lebenspartner, mit dem ich alleine mein Leben gestalte.

Ich will mich frei machen von den eingeengten Perspektiven, die nationale oder religiöse oder geographische Grenzen setzen. Ich will einfach Mensch sein und andere auch so sehen, sie nicht etikettieren, sie nicht ein- oder ausschließen. Ich will mich nur von meinen moralischen Werten lenken lassen und nicht vor vergänglichen, materialistischen Maßstäben Halt machen.

Warum Mohammed? Mohammed entspricht meiner Vorstellung von Offenheit, von Weite. Er bringt einen neuen kulturellen Aspekt ein, das arabische Element, und erweitert damit meinen

Horizont. Er überwindet Grenzen wie Nationalität und Religion, auch wenn er ebenso Muslim ist. Woran er sich orientiert, ist das allgemein Menschliche. Seine Wertvorstellungen scheitern nicht an äußeren Umständen, sondern entsprechen inneren Maßstäben.

Er liebt mich. Er versteht mich. Er gibt mir Mut und Zuversicht. Und er hindert mich nicht an meiner Persönlichkeitsentwicklung. Er hat mehr Lebenserfahrung als ich. Trotz der schwierigen Bedingungen hat er seinen Weg gemacht, ohne seine Prinzipien und Werte zu verraten. Im Gegenteil: Er ist standhafter, reifer geworden. Er ist jemand, der mir als Partner beistehen kann.

Daß es Probleme in der Ehe geben kann, ist mir bewußt. Eine Ehe ist keine Einbahnstraße. Auch zu einer Trennung kann es kommen. Aber muß man nicht immer mit Trennungen im Leben rechnen? So sollte man sich auch auf eine eventuelle Trennung in der Ehe einstellen. Aber ebenso ist eine Vereinigung etwas, was man wagen sollte. Wir können etwas Gutes daraus machen ...

Erste Assistenzarztstelle

Neben ihrer Beziehung zu Mohammed und trotz all der Auseinandersetzungen mit ihren Eltern verfolgte Feride weiter beharrlich ihre beruflichen Ziele als Ärztin.

Ihre Dissertation hatte sie abgeschlossen und wartete auf die Bewertung, welche noch im selben Jahr bekanntgegeben wurde. Groß war ihre Freude, als sie erfuhr, dass ihr die Gesamtnote „magna cum laude" verliehen wurde. Dadurch und wegen der Beachtung der Regelstudienzeit wurde ihr die Rückzahlung des BAföG, das sie für die ersten Studienjahre erhalten hatte, erlassen.

Ihre Tätigkeit in der AIDS-Beratung war nur eine Honorarstelle – ein guter Einstieg, um sich darin zu üben, als Autoritätsperson aufzutreten. Ein Kollege, der an der Universitätsklinik in Frankfurt arbeitete, hatte die Anfrage eines Professors an sie weitergeleitet, wonach der Verein AIDS-Aufklärung eine türkischsprachige Ärztin für telefonische Aufklärungskampagnen für Türken, insbesondere für Türkinnen suchte. Feride war sehr interessiert und musste nicht lange überlegen. Sie würde sich diesen Tabuthemen aus dem an sich schon heiklen Bereich der Sexualität in der Position einer Ärztin stellen. So würde sie die nötige Distanz wahren können. Das Thema HIV-Infektion unter verschiedenen Gesichtspunkten zu betrachten, dabei soziologische, kulturelle, ökonomische und auch psychologische Aspekte einzubeziehen, weckte ihre Neugier. Nicht zu unterschätzen war die Gelegenheit, souveränes Auftreten zu üben. Das Geld, das sie bekommen würde, konnte sie gut gebrauchen. Ihre Eltern hatten nichts dagegen, zumal sie die Tätigkeit wie Feride selbst als Überbrückung bis zum Einstieg in den Klinikalltag ansahen. Die Details der Materie konnten und mussten sie nicht verstehen.

Neben den abendlichen Telefonberatungen hielt sie Vorträge vor deutschen Schulklassen, türkischen Frauengruppen und anderen türkischen Gruppierungen. Dieses Angebot wurde in türkischen Zeitungen und anderen Medien bekanntgegeben.

Es war enorm, wie viel Feride lernte. Insbesondere erfuhr sie so viel von Dingen, über die man sonst nicht sprach, von „verbotenen“, moralisch bedenklichen Handlungen, verbunden mit der Angst, sich infiziert zu haben, quasi „als Strafe“ für die Untreue oder für die nicht gesellschaftskonforme Sexualpraxis.

Kurz nachdem sie mit ihrer Arbeit begonnen hatte, fragte Professor Stein sie, ob sie bereit sei, mit ihm ein Gutachten für die AIDS-Enquetekommission, deren Mitglied er war, zu erstellen. Das Thema AIDS sollte aus der Sicht des islamischen Bevölkerungsteils bearbeitet werden. Sie fühlte sich äußerst geehrt und willigte ein. Am Ende erhielt sie großes Lob von ihm, das er in einem Empfehlungsschreiben für ihre zukünftigen Bewerbungen niederschrieb.

Um Berufserfahrung zu sammeln und sich weiter zu qualifizieren, strebte sie mittelfristig eine Festanstellung in einem Krankenhaus an. Zunächst hatte sie keine konkrete Vorstellung, welche Fachrichtung sie einschlagen sollte. Vielleicht würde ein Bereich aus der Inneren Medizin infrage kommen, dachte sie. Für den operativen Bereich interessierte sie sich nicht.

Für ihre erste Assistenzarztstelle kam ihr der Zufall zu Hilfe. Während einer Zugfahrt zu einer ärztlichen Fortbildung lernte sie Professor Hahne kennen, den Leiter einer Gefäßklinink in Darmstadt, und kam mit ihm ins Gespräch. Sie muss bei dieser zufälligen Begegnung einen guten Eindruck gemacht haben, denn er bot ihr spontan eine Stelle an, die in der Klinik gerade zu besetzen war. Sie bewarb sich und erhielt kurze Zeit später die Stelle. So landete sie in einer internistischen Abteilung mit Schwerpunkt Gefäßmedizin.

Tagebuch

24. Juli 1989

Erster Tag in der Klinik: Die derzeitige Assistenzärztin, Manuela, arbeitet mich ein. Sie ist ausgesprochen freundlich und ist noch fünf Wochen da. An diesem Tag habe ich „nichts" gemacht. Sie hat mir vorgeschlagen, eine Woche mitzulaufen, um dann allmählich Arbeit zu übernehmen.

Es hat mich angestrengt, das darf aber sein. Zwar stehe ich noch im schützenden Schatten von Manuela und kann mich „schonen". Trotzdem hat mich die neue Situation doch sehr gefordert, vor allem psychisch. Wo soll ich anfangen, was soll ich zuerst nachlesen, etc. Und vor allem: Mit der nötigen Souveränität als Ärztin aufzutreten, ist schon eine Herausforderung. Aber geht es nicht jedem Anfänger so? Ich neige schon wieder dazu, zu viel von mir zu erwarten. Aber ich merke ebenso, daß sich etwas tut. Und es macht Spaß! Von Tag zu Tag gelingt es mir mehr, glaubwürdiger zu erscheinen und eine gewisse Autorität auszustrahlen. Es ist schön, als „Frau Doktor" angeredet zu werden, eine Patientenakte zu „lesen", sich mit Diagnosen und Medikamenten auseinanderzusetzen, die bisher nur theoretischer Lernstoff waren. Ich lerne, mit den Schwestern, die mir von ihren praktischen Erfahrungen her überlegen sind, so auszukommen, daß ich von ihnen profitiere, aber auch als Ärztin respektiert werde.

Bei den Patienten scheine ich gut anzukommen. Manchmal muß ich mich allerdings daran erinnern, daß ich in der Arzt-Patienten-Begegnung die Ärztin spiele, also in Sachen Gesundheit über ihnen stehe. Dabei darf ich mich nicht unwohl fühlen, denn das heißt ja nicht, arrogant zu sein. Patienten geben mir Verantwortung für ihre gesundheitlichen Probleme. Dieser kann ich nur gerecht werden, wenn ich mit meinem Fachwissen und Können überzeuge. In diesem Punkt muß ich das Sagen haben. Erst dann funktioniert die Arzt-Patienten-Beziehung zur Zufriedenheit beider Parteien.

14. August 1989

Heute habe ich den Gehaltszettel bekommen! Ich kann es nicht glauben, daß sogar etwas übrig bleibt, nachdem die monatlich regelmäßig anfallenden Kosten gedeckt sind, und ich mir jetzt auch mal Anschaffungen erlauben kann, an die ich mich vorher nicht gewagt hätte. Ich verdiene mein eigenes Geld und ich kann mich selbst versorgen! Vielleicht kann ich mir sogar eine Reise leisten und könnte etwas zur Seite legen für eine größere Wohnung oder für einen Gebrauchtwagen ...

26. August 1989

Ich warte in Offenbach auf die Ankunft meiner Eltern aus der Türkei. Noch an diesem Wochenende werde ich sie in unseren Entschluß, zu heiraten, einweihen. Mohammed ist die Person, mit der ich meine Zukunft verbringen möchte. Meine Entscheidung für ihn als Lebenspartner ist eine Bejahung des Lebens mit all seinen Ungewissheiten und Niederlagen wie auch seinen Errungenschaften und Freuden ... Ich bin kein Kind mehr. Wenn ich mein Leben selbst in die Hand nehmen will, dann muß ich irgendwann anfangen, meinen Worten Taten folgen zu lassen.

Der „Heiratsbrief"

Brief an die Eltern

2. September 1989

Liebe Mutter, lieber Vater!

Als ich euch am Samstag gesagt habe, daß ich Mohammed heiraten werde, wart ihr wie vom Blitz getroffen. Zwar hatte ich eine derartige Reaktion auf meine Entscheidung erwartet, trotzdem ist mir euer Verhalten sehr nahegegangen.

Ich verstehe euch. Und damit ihr auch mich versteht, schreibe ich euch diese Zeilen.

Sehr wohl ist mir klar, daß eine Ehe kein Kinderspiel ist. Eine Ehe verlangt von beiden Partnern ständig Mühe und Geduld. Dafür braucht sie ein solides Fundament. Und ich meine, daß dieses in einer geistigen und emotionalen Harmonie besteht. Für Mohammed und mich ist diese Harmonie gegeben.

Vergeßt nicht, daß ich bisher nahezu mein ganzes Leben in Deutschland verbracht habe. Ihr habt euch nicht nach außen geöffnet. Über die Gründe hierfür habe ich oft nachgedacht. Auf der einen Seite waren es sicher die Angst, sich selbst zu verlieren, und die Sehnsucht nach der Heimat, auf der anderen Seite die Unterschiede zu den Deutschen und die abfällige Haltung von einigen gegenüber den Ausländern, was euch dazu getrieben hat, eine Art „Akdere"-Gemeinschaft zu gründen, um euch darin zu verschanzen und nach außen zu verschließen. Ein solches Verhalten hat etwas zu bedeuten; vielleicht war es für euch notwendig und richtig.

Aber ich habe mich nicht nach außen verschlossen. Wie hätte ich sonst in dieser Gesellschaft erfolgreich sein können? Meine Umgebung besteht weder nur aus Türken noch nur aus Ärzten, Ingenieuren oder Rechtsanwälten. Ich habe viele Bekannte, die aus verschiedenen Nationen stammen, wie etwa Deutsche, Türken, Griechen, Iraner, Ägypter, Japaner, sogar Indianer.

Es ist unheimlich schön, über die Unterschiede in Sitten und Gebräuchen, Kleidung und Aussehen hinaus die Gemeinsamkeiten zu sehen und Nähe zueinander zu empfinden. Dabei sehe ich bei Mohammed und mir noch nicht einmal große Unterschiede in Sitten und Gebräuchen, wahrscheinlich deshalb, weil er aus einem ähnlichen Milieu kommt.

Im Islam hat jeder Mensch einen Eigenwert. Wir dürfen als Türken weder andere Nationen und Religionen abwerten noch uns abwerten lassen. Ein Muslim sollte Menschen zusammenführen, nicht trennen; er sollte durch Menschen gesetzte Grenzen überwinden. Vielleicht denkt ihr, das sind romantische Floskeln. Doch der Islam enthält lauter schöne Aussagen. Diese sollten auch gelebt werden – so denke ich zumindest.

Glaubt ihr nicht, daß es so etwas wie Schicksal gibt? Ist es nur Zufall, daß wir nach Deutschland kamen, daß ich Arabisch gelernt habe, Mohammed aus Ägypten nach Deutschland kam und Arabisch unterrichtete, daß wir uns kennenlernten und uns nahekamen?

Selbstverständlich waren unter meinen Bekannten auch Männer; es hätte auch jemand anderes sein können, in den ich mich verliebe, etwa in einen Deutschen oder jemand anderen mit nicht-muslimischem Hintergrund.

Menschen können ihr Herz nicht immer verschließen. Gott bringt sie zusammen, und es ist nicht nur der Verstand, der sie verbindet, sondern es sind auch die Gefühle. Es ist die Harmonie zwischen Kopf und Herz, die entscheidet. Mohammed und ich harmonieren miteinander auf beiden Ebenen.

Möglicherweise denkt ihr: Wären wir doch bloß in der Türkei geblieben! Woher wollt ihr das wissen, vielleicht wären Mohammed und ich uns dann dort begegnet?! Oder ich hätte einen anderen Nicht-Türken geheiratet?!

Zu dem Thema „Rückkehr in die Türkei" möchte ich Folgendes sagen: Bis jetzt habe ich so gut wie immer in Deutschland gelebt. Es sieht so aus, sofern nicht etwas Außergewöhnliches passiert, daß wir uns mindestens weitere zehn Jahre in diesem Land aufhalten werden; dann werden es 35 Jahre. Was ich danach machen werde, möchte ich nicht jetzt schon festlegen. Vielleicht lebe ich in zehn Jahren nicht mehr. Soll ich mich trotzdem bedingungslos an die Rückkehr in die Türkei klammern, ständig in dieser Illusion leben?

Und außerdem: Wer sagt, daß ein Leben in der Türkei nicht gemeinsam mit Mohammed möglich ist? Warum können wir nicht zurückkehren, wenn die Lebens- und Arbeitsbedingungen dort besser sind? Der Mensch kann überall leben, Hauptsache, er ist glücklich.

Eine Ehe sollte nicht von materialistisch geprägten Maßstäben bestimmt sein, sollte kein Tauschgeschäft sein nach dem Motto „Ich habe das zu bieten, und was kannst du mir geben?". Ich möchte meinen Beruf nicht als Handelsware mißbrauchen.

Ihr werft mir vor, euch nicht um Rat gefragt zu haben. Ihr wißt von der Sache seit eineinhalb Jahren. Ich wollte es nicht vor euch geheimhalten – und habe gehofft, daß ihr meine Gefühle respektieren werdet. Ich habe nicht verheimlicht, daß Mohammed für mich etwas Besonderes und ein Zusammensein mit ihm möglich ist. Außerdem habe ich um euer Einverständnis gebeten, aber ihr habt nein gesagt. In diesem Falle gab es zwei Möglichkeiten:

1. Eurer Ablehnung folgend mich von Mohammed fernzuhalten oder

2. angesichts der Tatsache, daß es mein Leben ist und auch ihr mich glücklich sehen möchtet, meiner inneren Stimme zu folgen.

Ich habe mich für die zweite Lösung entschieden. Wenn Gott mich mit einem Menschen, der mich glücklich macht, zusammengebracht hat, warum sollte ich eine solche Gelegenheit im Leben nicht gebührend würdigen?

Wenn Glück an persönliche Eigenschaften eines Individuums gebunden ist, so kann man dieses nicht gleichermaßen mit einer anderen Person erleben. Ein Mensch ist also nicht einfach austauschbar.

Eine Ehe ist heilig und unsere Entscheidung vor Gott rechtens, denn Gott trennt seine Geschöpfe nicht nach Nationalitäten, sondern urteilt nach Charakter und ruft zu Respekt vor der Liebe auf. Gottes Größe und Gesetz überwindet Grenzen und Hindernisse, die von Menschen gemacht werden.

Ihr sagt, ich wäre euch nicht gefolgt, hätte euch nicht den nötigen Respekt gezeigt. Doch wenn ich von der Richtigkeit meiner Entscheidung überzeugt bin, ist es wichtig, danach zu handeln. Eltern haben nicht immer recht, auch sie können irren.

Ich gehe auf die 30 zu. Es ist für mich nicht einfach, den Richtigen zu finden, zumal ich wegen meiner Lebensgeschichte in einer komplexeren Situation bin. Ich könnte nicht nach traditioneller Manier, wonach die Eltern die Frau für ihren Sohn aussuchen und um ihre Hand anhalten, heiraten. Keinesfalls will ich derartig arrangierte Ehen abwerten; solche Verbindungen können zur Zufriedenheit aller Beteiligten führen und lange halten. Doch widerstrebt dies meiner Geisteshaltung.

Weil ich euch liebe und schätze, versuche ich, euch für diese Sache zu gewinnen. Ihr seid für mich wichtig und werdet es immer sein.

Wenn ihr das Gerede der anderen beachtet, dann heißt es, ich bin euch nicht wichtig genug. Die Umgebung kann demoralisierend und destruktiv sein. Nicht die anderen zählen, sondern Gottes Gesetz. Und dieses Gesetz ist konstruktiv, es hebt moralische Werte vor materiellen hervor.

Die Welt ist klein. Ob Ägypten, die Türkei oder Deutschland, alles ist gut erreichbar. Wenn die Herzen so nah zueinander sind: Was sind schon Entfernungen? Die kann man überwinden. Und wenn die Entfernung kurz, aber die Herzen fern voneinander wären?

Mohammed kommt aus einer guten Familie. Viele seiner Geschwister haben studiert. Seine Tante ist Gelehrte an einer Universität. Sein Großvater war Gründer zahlreicher Schulen, viele darunter für Mädchen.

Mohammed hat in Ägypten studiert und setzt sein Studium in Deutschland fort. Er hatte es sehr schwer in Deutschland und mußte sein Studium nebenbei finanzieren, was ihm gut gelungen ist. Heute kann er seinen Lebensunterhalt bestreiten. Er ist ein aufrichtiger und verständnisvoller Mensch. Durch seine sensible und taktvolle Art schafft er es, die Sympathie von vielen Personen zu gewinnen.

Nun möchte ich meinen Brief mit ein paar Worten beenden. Meine Liebe zu Mohammed steht nicht in Konkurrenz zu meiner Liebe zu euch. Euer Platz in meinem Herzen ist nur für euch reserviert.

Ihr verliert mich nicht. Seid dessen gewiß: Ich werde euch in schwierigen Zeiten nicht im Stich lassen. Seid auch dessen gewiß, daß wir eure Liebe und Anerkennung brauchen.

Eure euch liebende Tochter Feride

Die Hochzeit von Feride und Mohammed

Ferides Eltern akzeptierten ihre Entscheidung. Was hätte es gebracht, sich dieser zu widerzusetzen? Hätten sie Feride mit Gewalt davon abbringen sollen? Nein, dafür waren ihre Liebe und ihr Respekt für ihre Tochter zu groß.

Die Heirat war also unumgänglich, und dazu gehörte eine Hochzeitsfeier. Doch waren die Rahmenbedingungen ganz andere, als Ferides Eltern es sich vorgestellt hatten. Der Bräutigam war kein Türke, und er war allein in Deutschland. Üblicherweise hätten sich die Familien der Heiratskandidaten zusammengesetzt und alle Details besprochen. Welche Besorgungen waren zu machen, welches Brautkleid, welche Ringe sollten gekauft werden, wie war die Wohnung einzurichten, wo fand sich ein geeigneter Hochzeitssaal, welche Gäste sollten eingeladen werden? Wer würde welche Kosten übernehmen? Wo sollte die Feier überhaupt stattfinden? Vielleicht in der Türkei, wo die anderen Verwandten waren?

Feride selbst wollte nicht den übertriebenen Prunk, nicht den überdimensionalen Aufwand, wie es sich für eine Hochzeitsfeier nach traditioneller Manier schickte. Und für ihre Eltern war Ferides Hochzeit de facto eine Pflichterfüllung – nicht das ersehnte aufregende Ereignis, das sie als Höhepunkt ihres Lebens zu feiern geplant hatten. So zeigten sie keine Euphorie, sondern eher eine gewisse Traurigkeit, zumindest am Anfang der Vorbereitungen. Ende September sollte die Hochzeit sein.

Die Hochzeitszeremonie bestand aus vier Elementen, die sich über mehrere Tage verteilten. Drei davon betrafen die „türkische" Seite, beginnend mit der religiösen Trauung im häuslichen Rahmen, die von einer Hochzeitsfeier in einem großen Saal gefolgt wurde und mit einer feierlichen Sitzung in der Moschee abschloss.

Einige Tage später fand die standesamtliche Trauung im Rathaus statt. Das war der „deutsche" Part der Angelegenheit.

Bei der religiösen Trauung in der Wohnung von Ferides Eltern, dem „imam nikahı“, wurde Mohammed von einer anderen ägyptischen Familie begleitet, die er in Deutschland kennengelernt hatte. Außerdem war seine „geistige Mutter“ anwesend, eine Deutsche Anfang sechzig, die mit einem Ägypter verheiratet war und die er als eine Schülerin in seinem Arabischunterricht kennen- und schätzen gelernt hatte. Er war auch deshalb nicht ganz allein, weil Ferides Freunde ihn bereits in ihren Kreis aufgenommen hatten. Trotzdem verrieten die stillen Momente und der immer wieder nach unten gesenkte Blick, dass er sich die Anwesenheit von nahen Verwandten gewünscht hätte, um sich physisch besser repräsentiert und dadurch stärker zu fühlen.

Bevor der Imam Braut und Bräutigam das Ja-Wort sprechen ließ, hielt er eine kleine Andacht, dabei melodisch Suren aus dem Koran rezitierend. Auch erzählte er einige Anekdoten zum Thema Heirat und Wahl des Partners. Der Tenor dabei war, dass gute Charaktereigenschaften eine solidere Basis für eine glückliche Ehe bildeten als materielle Dinge. Passend dazu erzählte er die Geschichte eines weisen Mannes. Als dieser nämlich die finanzielle Sicherheit seiner Tochter durch deren Vermählung mit dem Sohn einer wohlhabenden Familie gegen das zu erwartende Glück in der Ehe mit einem armen, aber gutherzigen und fleißigen Jungen abwog, entschied er sich für den Kandidaten, der charakterlich Überlegenheit zeigte. Durch ihre fröhliche Stimmung und ihren Zuspruch bestärkten und ermunterten andere Anwesende Ferides Eltern beim Vollziehen der zeremoniellen Handlungen als Ausdruck ihres elterlichen Segens für die Entscheidung ihrer Tochter. Die Atmosphäre lockerte sich auf. Man sah, wie sich ein Lächeln auf den Gesichtern ausbreitete.

Der Trauschein wurde handschriftlich von einem Freund der Familie verfasst, und zwar auf Deutsch. Der Text enthielt einige Fehler, aber dies tat dem Inhalt, den man trotzdem gut verstehen konnte, keinen Abbruch. Damit wurde die Eheschließung des Paares besiegelt und vor dem Publikum laut kundgetan. Danach wurden köstliche Speisen und Getränke gereicht: gefüllte Weinblätter, Blätterteigtaschen, Frikadellen mit Cumin und frischer Petersilie und ein leckerer Bulgur-Salat, als Nachtisch Baklava, passend dazu türkischer Tee und am Ende türkischer Mokka. So endete die Zeremonie in einem gleichzeitig feierlichen und fröhlichen Zusammensein.

Als nächstes war die „große" Feier zu absolvieren. Diese abendliche Hochzeitsfeier in Offenbach war als „kına gecesi" („Hennanacht") deklariert und als solche hauptsächlich für Frauen ausgerichtet. Deshalb war die Größe des angemieteten Saales, verglichen mit den sonst üblichen Dimensionen türkischer Hochzeitsfeiern, eher mittelmäßig. Außer Mohammed waren doch noch einige Männer aus Ferides Verwandtschaft und aus dem Freundeskreis des Brautpaars anwesend. Fast alle türkischen Frauen waren eingeladen, die Ferides Eltern in und um ihren Wohnort kannten.

Feride trug ein weißes knielanges Hochzeitskleid, dessen Oberteil aus Tüllstoff mit Spitzen war, ebenso die Ärmel. Das Rockteil wirkte durch die zwei übereinanderliegenden und am unteren Ende vereinigten Stoffreihen wie eine bauschige weiße Wolke. Schön war auch das eingenähte Band am Übergang von der Taille zur Hüfte. Auf dem Kopf saß locker ein weißer Stoffhut, der mit einer Haarklammer am Hinterkopf befestigt war; ein daran angenähter Tüllstoff konnte über die Augen gezogen werden. Ihre dunklen Haare hatte sie sich selbst zurechtgemacht, und beim Schminken hatte ihr eine Freundin geholfen. Das Ergebnis gefiel Feride – mit dem dezenten, aber gekonnten Make-up sah sie natürlich aus und nicht puppenhaft. Mohammed trug einen schwarzen Anzug und eine schwarze Fliege. Er sah ausgesprochen elegant aus. Durch sein freundliches Lächeln wirkte er sympathisch und liebenswert. Feride und Mohammed hatten ihre Hochzeitskleidung und ihre Ringe alleine ausgesucht, ohne – wie sonst üblich – die Begleitung und Beratung der jeweiligen Eltern und näheren Familienangehörigen.

Die Hennaprozedur nahm nur einen kleinen Teil der Festivität ein. Bei Kerzenlicht wurde erst der Braut, über deren Kopf ein weißes, durchsichtiges Tuch gelegt wurde, dann dem Bräutigam eine etwa teelöffelgroße Menge Henna auf die Handinnenfläche aufgetragen. Anschließend durfte, wer wollte, davon nehmen und sich auf die Hand oder ins Haar streichen.

Die Atmosphäre war fröhlich. Aus einer Musikanlage schallte traditionelle und moderne türkische Musik, und es wurde ausgiebig getanzt. Feride fand es wunderbar, in Mohammeds Armen zu sein. Sie fühlte sich wohl und wusste, dass er der Richtige war. Blickte man in die Runde, so sah man eine glückliche Hochzeitsgesellschaft. Nur Ferides Eltern und ihr Bruder konnten die noch nicht ganz überwundene Traurigkeit und Enttäuschung nicht komplett verbergen. Denn eigentlich hätte die Feier in der Türkei stattfinden sollen, wo die vielen Verwandten waren. Und Ferides Eltern hätten ein Vielfaches mehr ausgegeben. Die Feier in Offenbach war ein Kompromiss – zwischen Ferides Vorstellungen und denen ihrer Eltern.

Nun war noch eine letzte Zeremonie zu vollbringen. Diese fand in der Moschee statt, ebenfalls in Offenbach. Eine von Ferides Cousinen war dazu mit ihrer Familie eigens aus Wien angereist. Eingeladen waren zudem viele Familien, die aus Akdere stammten, sowie türkische Freunde und Bekannte von Ferides Eltern. Frauen und Männer saßen getrennt. Die Worte des Imam und die von ihm rezitierten Koranpassagen wurden über Lautsprecher in die anderen Räume der Moschee übertragen.

Auf dem Weg zur Moschee stiegen Mohammed Tränen in die Augen. Bahar, Ferides jüngste Schwester, verstand sofort und tröstete ihn mit den Worten: „Sei nicht traurig. Du bist nicht allein, wir sind jetzt deine Familie!"

Feride fühlte sich bei den Zeremonien nicht sehr wohl, weil sie sich diesen Ritualen ausgesetzt, wie fremdbestimmt fühlte. Aber in Mohammeds Nähe fand sie Stärke; sie wusste, wofür sie das auf sich nahm.

Auf dem deutschen Standesamt begegnete ihnen ein ganz anderes Ambiente. Es war ein schöner großer Raum mit warmen Farben. Die Standesbeamtin war noch jung und hatte eine lockere und ruhige Art. Die Trauzeugen waren Mohammeds „geistige Mutter" sowie gemeinsame Freunde, ein deutsch-türkisches Paar. Ferides Eltern waren selbstverständlich auch anwesend, ebenso ihre Geschwister. Und eine Überraschung war, dass auch enge Freunde kamen und ihr den Blumenstrauß mitbrachten, an den sie selbst gar nicht gedacht hatten.

Noch am selben Tag fuhr das jung vermählte Paar in die Flitterwochen nach Paris. Ihr Zug in Frankfurt hatte Verspätung und stand noch eine Weile auf dem Gleis im Hauptbahnhof, als sie schon eingestiegen waren. Feride machte das Warten nichts aus. Sie war glücklich. Endlich kam die Zeit, die nur für sie beide bestimmt war. Feride hatte ihren Kopf an Mohammeds Schulter gelegt und hing ihren Tagträumen nach. Sie würde mit Mohammed zusammenziehen, sie würden beide Geld verdienen und sich eine gemeinsame Zukunft aufbauen. Vielleicht würden sie Kinder haben. Wo würden sie leben? Zuerst in Deutschland. Später vielleicht auch woanders, in der Türkei oder in Ägypten. Wer konnte schon so lange im Voraus planen? „Einsteigen bitte", sagte eine kratzige Lautsprecherstimme. Der Zug fuhr an.

Epilog

Vergiss Kränkungen, doch
vergiss Freundlichkeiten nie.
Konfuzius

Was wäre gewesen, wenn Ferides Vater dem Ruf der deutschen Regierung nach arbeitsuchenden jungen Menschen nicht gefolgt wäre? Was wäre gewesen, wenn er, wie einige seiner Kollegen, nach zwei bis drei Jahren in die Heimat zurückgekehrt wäre? Wie hätte sich das Schicksal der Familie entwickelt, wenn das Familienoberhaupt sie in der Türkei gelassen hätte? Hätte Feride – bei all ihrer Willenskraft – so viele Hindernisse überwinden können? Hätte sie überhaupt einen Kampfeswillen entwickelt?

Es wären zunächst einmal existenzielle Probleme zu bewältigen gewesen, die andere Prioritäten erzwungen hätten als die Ermöglichung einer erfolgreichen Schullaufbahn. Und diese wäre nicht einmal der Garant gewesen für eine Fortsetzung der Karriere in universitärem Rahmen. Wie viele begabte Kinder in der Türkei scheitern daran, dass ihre Eltern nicht das Geld für die Vorbereitungskurse zur Aufnahmeprüfung an der Universität haben? Vielleicht wäre das auch Ferides Schicksal gewesen. Und wie wäre die Konvention der zeitgerechten Vermählung zur Wirkung gekommen? Hätte Feride dem Druck der Dorffrauen, rechtzeitig unter die Haube zu kommen, standgehalten? Hätte sie den Mann ihrer Wahl trotz der Widerstände ihrer Eltern heiraten können? Hätte sie sich irgendwann abnabeln können, um ihre eigenen Wünsche und Ziele zu verwirklichen?

Diese Fragen lassen sich nicht rückblickend beantworten. Nur eins ist klar: Feride hätte sich anders entwickelt. In bestimmte Situationen wäre sie gar nicht gekommen. Dargebotene Denk- und Lebensweisen wären seltener divergent gewesen. Das Leben wäre mehr durch Konformität als durch Polarität gekennzeichnet gewesen, es hätte weniger oder anderes Konfliktpotenzial gegeben, damit einhergehend aber auch weniger Stimuli für die persönliche Entwicklung. Denn an der Überwindung von Konflikten und Problemen reift und erstarkt der Mensch.

Vielleicht wäre Ferides Leben einfacher, vielleicht auch harmonischer verlaufen – dafür wären möglicherweise bestimmte Räume der Gedanken- und Gefühlswelt nicht betreten worden. Zwar waren die Umstände nicht immer günstig, doch alles in allem, so denkt Feride, hat das Schicksal es gut mit ihr gemeint. Die andere Lebensvariante, in Akdere geblieben zu sein, hätte für sie weniger Entwicklung, weniger Wahl- und Entscheidungsmöglichkeiten zur Folge gehabt. Dankbarkeit zu empfinden bedeutet, zufrieden zu sein. Es bedeutet, mit sich und der Welt in Harmonie zu leben.

Feride ist dankbar. Dankbar dafür, dass es für sie bestimmt war, in ein Land zu kommen, wo sie sich etwas erarbeiten konnte – zu einer Zeit, als es für sie in ihrer Heimat wahrscheinlich nicht möglich gewesen wäre, ihr Potenzial so gut zu entfalten. Sie ist dankbar, in diesem Land so viele liebe und hilfsbereite Menschen kennengelernt zu haben.

Dankbar dafür, dass sie Personen begegnet ist, die sie mannigfaltig bereichert haben.

Dankbar, dass ihre Eltern sie nicht zwangen, die lukrativen Heiratsanträge – von denen auch sie selbst indirekt profitiert hätten – anzunehmen und damit ihre Gefühle zu verraten.

Feride ist heute eine reife Frau und hat selbst Kinder, die schon erwachsen sind oder es gerade werden. Ihre Töchter Rania und Jasmin, 24 und 17 Jahre alt, stehen vor ganz anderen Herausforderungen als ihre Mutter damals.

Als vierjähriges Mädchen hatte Feride Angst vor der deutschen Außenwelt. Im Grunde entsprang diese blockierende Haltung den Ängsten ihrer Eltern, die sich selbst in der fremden Umgebung klein und hilflos fühlten. Wie hätten sie in dieser Situation ihrem Kind das Gefühl der Sicherheit geben können? Wie hätten sie, die selbst nicht das Rüstzeug für die Herausforderungen der neuen Umwelt hatten, Feride zur Öffnung nach außen motivieren können? Ferides kindliche Neugier konnte sich daher nicht unvoreingenommen entfalten, musste sich auf einen kleinen Radius innerhalb der Schranken der vertrauten und überschaubaren türkischen Wirklichkeit beschränken. Innerhalb dieser kannte man sich aus, fühlte sich sicher. In der Welt außen dagegen galten andere Standards, herrschten andere Gesetze.

In dieser Hinsicht hat sich Ferides Lebensgefühl als Erwachsene komplett verändert. Mittlerweile fühlt sich Feride mit

Deutschen oft stärker verbunden als mit einigen ihrer türkischstämmigen Landsleute. Oftmals waren es Deutsche, die ihr halfen, ihre Ängste zu überwinden.

Feride fiel es nicht schwer, selbst „Deutsche" zu werden, als sie ihren Einbürgerungsantrag stellte. Im Gegenteil: Die Einbürgerung trug dazu bei, sich als gleichberechtigtes Mitglied der deutschen Gesellschaft zu fühlen. Allerdings lag Feride sehr daran, ihre türkische Wirklichkeit auch offiziell zu wahren. So wandte sie sich schon kurze Zeit später an die türkische Einbürgerungsbehörde mit dem Bestreben, ihren türkischen Pass zurückzuerobern. Der Antrag wurde geprüft und bearbeitet, bis schließlich im Oktober 1991 Ferides Annahme als türkische Staatsbürgerin bekannt gegeben wurde. Diese Handhabe der Wiedereingliederung nach Entlassung aus dem Staatsverband vonseiten der türkischen Regierung stand auf legalen Füßen, weswegen die deutsche Regierung die wiedererlangte türkische Staatsangehörigkeit neben der deutschen akzeptierte. Feride wurde von ihrem Instinkt geleitet, als sie darum kämpfte, beide Nationalitäten zu erhalten. Denn nur so konnte sie sich selbst und ihrer Identität, die deutsche ebenso wie türkische Wurzeln hatte, gerecht werden.

Ihre Kinder bekamen später den „Doppelpass" aufgrund des Verwandtschaftsverhältnisses automatisch zuerkannt.

Als Deutsche hatte Feride zumindest formal keine Einschränkungen mehr, ihre berufliche Karriere zu gestalten. Sie wurde Fachärztin für Innere Medizin und spezialisierte sich später auf Kardiologie. Leicht war es nicht, diese Qualifikationen zu erwerben, denn neben ihren beruflichen Aufgaben war sie in ihrer Rolle als Mutter ebenfalls sehr gefordert. Gerade als Ärztin war es oft nicht leicht, Beruf und Familie unter einen Hut zu bringen.

In der Kardiologie konnte und kann Feride sich selbst als Person gut einbringen. Wenn Patienten mit „Herzschmerzen" kommen, ist sie sich bewusst, welche umfassende Dimension die damit verbundenen Ängste haben. Sie sieht es als ihre Verantwortung an, diese gebührend zu würdigen. Empathie und Respekt sind bestimmende Elemente ihrer Arbeit, denen sie sich verpflichtet fühlt.

Der Traum von Ferides Eltern, irgendwann zusammen in die Türkei zurückzukehren, hat sich nicht erfüllt. Ali starb mit 75 Jahren durch eine akute Verschlechterung seiner chronischen Lungenerkrankung – eine Folge seiner harten Arbeit als Monteur und Schweißer. Gülüzar wohnt weiter zusammen mit ihrer jüngsten Tochter Bahar und deren Familie in Offenbach. So oft sie kann, fährt sie in die Türkei und bleibt immer länger dort; als gealterte Rückkehrerin hat sie wieder ihren Platz in der dortigen Gesellschaft gefunden. Feride, Fatma, Selim oder Bahar bleiben mit ihr dann mindestens telefonisch in Kontakt. In den Sommerferien versammeln sich alle – wie immer – in der Türkei.

Erwähnenswert ist, dass auch die dritte Generation der Familie einen festen Bezug zum Ursprungsland ihrer Eltern bzw. Großeltern hat, auch Ferides Töchter Rania und Jasmin. Eine Kinderzeichnung von Rania, die Feride aufbewahrt hat, zeigt das sehr schön: Mit sechs Jahren hat Rania ihren Vater mit einer ägyptischen, ihre Mutter mit einer türkischen und sich selbst mit einer deutschen Fahne gemalt. Heute würde Rania sich wohl für alle drei Fahnen gleichzeitig entscheiden, wenn auch die deutsche darunter herausragen würde. Rania möchte Ärztin werden, wie ihre Mutter. Jasmin hat noch etwas Zeit, sich ein konkretes Berufsziel zu setzen; sie interessiert sich für kreative Berufe und für Psychologie.

Feride und Mohammed haben es zusammen bald bis zur Silberhochzeit geschafft. In ihrer Ehe ging es zwar nicht immer harmonisch zu; sie machte auch kritische Phasen durch, doch sind beide entschlossen, in ihre Beziehung, für die sie zu Beginn so hart gekämpft haben, zu investieren. Und die Chancen stehen gut, denn es fehlt nicht mehr an Zeit füreinander, seit die Kinder flügge werden.

Feride ist angekommen. Sie hat ihre Heimat gefunden. Es ist nicht Deutschland. Auch nicht die Türkei. Ihre Heimat ist in ihr. Es ist die innere Geborgenheit, die innere Ruhe. Sie möchte sich nicht in Grenzen begreifen, erst recht nicht in nationalen. Ferides Heimat ist die Erde. Sie ist für eine begrenzte Zeit auf dieser Welt, wie jeder andere Mensch auch. Geboren wurde sie in der Türkei in einem kleinen Dorf am Marmarameer, sterben wird sie vielleicht in Deutschland, begraben vielleicht in der Türkei oder in Deutschland oder ganz woanders? Diese Frage kann offenbleiben. Sie ist Feride nicht wichtig.

Immer noch wird Feride nach ihrem Sommerurlaub manchmal gefragt, ob sie „in der Heimat“ gewesen sei. Gemeint ist natürlich die Türkei. Früher hat diese Frage sie irritiert und aufgebracht. In letzter Zeit antwortet sie darauf gelassener – und wundert sich selbst über diese Gelassenheit. Aber sie gefällt ihr.

Zeichnung von Ferides Tochter Rania mit sechs Jahren

Dank

Hier möchte ich Dr. Ursula Sezgin erwähnen, deren Wissen und ehrliche Kritik ich sehr schätze und für dieses Buch nutzen durfte. Wichtig war mir außerdem die Meinung von zwei Menschen, mit denen mich seit Jahren eine wertvolle Freundschaft verbindet, Dr. Birsen Cangöz und Birgül Cangöz. Auch Ines Balcik sei für ihre einfühlsame und kompetente Beratung sowie ihre freundschaftliche Begleitung gedankt. Sie ermutigte mich, meine persönlichen Gefühle und Gedanken in diesem Buch mit meinen Lesern zu teilen. In Ursula Debus fand ich eine vertrauenswürdige Lektorin, durch deren Fachkompetenz und Feingefühl eine sehr konstruktive Zusammenarbeit zustande kam. Mein besonderer Dank gebührt Eva Röthel für ihre Entscheidung, mein Buch in ihrem Verlag neu herauszugeben. Matthias Kunstmann verdanke ich die produktiven Denkanstöße zur Erweiterung des Inhaltes und die sorgfältige Lektorierung der Neuausgabe. Danken möchte ich zudem meinem Mann, dessen kritischer Geist mich an einigen Stellen zum Nachdenken anregte. Und nicht zuletzt möchte ich meinen beiden Töchtern danken: Auch sie haben mich bei der Entstehung des Buches geduldig begleitet und mir viele positive Anregungen gegeben.

CHRISTOF WACKERNAGEL

Selbstentführung

Erlebte Geschichten: absurd, polemisch, ironisch.

Während einer Lastwagenfahrt von Deutschland nach Afrika unterhalten sich zwei alte Freunde über das Engagement ihrer Jugend: Die Verbindung von Leben und Politik, Utopien von der gewaltfreien Großkommune bis zum Kampf der RAF, postkoloniale Verhältnisse, Geschlechter-beziehungen und Kunst. Eine Reise zweier Freunde von Deutschland nach Mali in Afrika und eine autobiographische Drogen-Road-Story zwischen Krautrock, Roter Armee Fraktion und Entwicklungspolitik.

Das Buch überzeugt neben zahlreicher irrwitziger Geschichten auch mit einer kritischen Sichtweise auf die Ausbeutung der dritten Welt.

1. Auflage 2016, 215 Seiten, ISBN 978-3-931988-31-9

ÜBER DEN AUTOR

Christof Wackernagel, 1951 in Ulm geboren, war ab 1967 Mitglied der Stuttgarter Medienkommune „Produktionsgemeinschaft Schrift, Ton, Bild" und als Schauspieler tätig. 1977 schloss er sich der Rote Armee Fraktion und wurde 1980 zu 15 Jahren Haft verurteilt. Nach seiner vorzeitigen Entlassung betätigte er sich weiter als Autor, Zeichenerfinder und Schauspieler. 2003 zog er nach Bamako in Mali, das er 2012 nach einem Militärputsch wieder Richtung Deutschland verließ..

LEONARD PRANDINI

Alles Verlorene noch einmal in den Händen halten

Mitreißend: Aus dem Leben eines Glücksspielsüchtigen.

Mit der Welt außerhalb der Spielhalle kommt Christoph nur wenig zurecht. Der Glücksspieler hat Freunde und Hobbys aufgegeben. Ihm bleibt nur das Spiel. Dieses besondere Gefühl, eine Anspannung, die ihn alles andere vergessen lässt. Doch bei den unweigerlichen Geldverlusten wird immer wieder bewusst, dass er unter dem Spielen leidet. Seine aufrichtigen Entschlüsse, damit aufzuhören, sind allerdings vergeblich. In seiner Geldnot gerät Christoph an die falschen Leute. Was Glücksspielsucht bedeutet, wird hier sehr authentisch dargestellt. Die eingängig erzählte Geschichte bringt dazu sozialpsychologische Erkenntnisse und auch philosophische Überlegungen nahe.

Die geringe Chance, Geld zu gewinnen, ist irgendwann mehr wert als das Geld selbst. Diese Chance wird umso wertvoller, je mehr man schon verloren hat.

1.Auflage 2017, 171 Seiten, ISBN 978-3-931988-33-3

ÜBER DEN AUTOR

Leonard Prandini studierte Psychologie und Philosophie an der Universität Bonn. Mit dem Thema Glücksspiel kam er früh aus eigenem Interesse in Kontakt und arbeitet sogar zeitweise in einer Spielhalle, die ihm einen Einblick in eine abgeschottete Parallelwelt gewährte.

SIEGFRIED PATER

Abenteuer Gerechtigkeit

Die spannende Biografie des Journalisten, Autors und Entwicklungshelfers Siegfried Pater, der in einem halben Jahrhundert die Welt bereiste, um Missstände aufzudecken und aktiv zu bekämpfen.

Dies ist die wahre Geschichte eines modernen Abenteurers, den die Sucht nach Gerechtigkeit weit gehen ließ. Der in Mexiko im Gefängnis saß und die Slums in Rio ebenso erlebte und erlitt wie die Kriegsgebiete in Mosambik. Der im Kampf gegen den Arsentod von Millionen Bengalen trotz Verweigerung des Journalistenvisums in Bangladesh recherchierte und mit chinesischen Umweltschützern in der Wüste Gobi Bäume pflanzte. Es ist die Biographie eines Menschen, der mit seinen vielen Büchern und Filmen der Zeit immer voraus war. Keine Partei, keine Institution konnte ihn je halten. Vielleicht hat er gerade deshalb so viel bewegt, wofür der ehemalige Entwicklungshelfer zahlreiche Ehrungen erhielt, in China, Ghana Brasilien und Deutschland.

1.Auflage 2012, 288 Seiten, ISBN 978-3-931988-28-9

ÜBER DEN AUTOR

Siegfried Pater, 1945 in Thum geboren und 2015 in Bonn gestorben, war ein deutscher Journalist, Schriftsteller und Filmregisseur. Von 1967 bis 1969 war Pater Entwicklungshelfer in Brasilien. 1980 bis 1982 war er Mitglied des Verwaltungsrates des Deutschen Entwicklungsdienstes (DED). Er war Gründungsmitglied mehrerer entwicklungspolitischer und kultureller Organisationen wie der Heinrich-Böll-Stiftung (1986–1989) und der Informationsstelle Lateinamerika. Pater veröffentlichte zahlreiche Bücher und Filme zu zu entwicklungspolitischen Themen. 2014 wurde Siegfried Pater mit dem Bundesverdienstkreuz am Bande für sein „über 30jähriges Engagement für eine gerechtere Welt" ausgezeichnet.